LE PIANO ABSOLU

LANG LANG
avec David Ritz

LE PIANO ABSOLU

L'éducation d'un prodige

Traduit de l'anglais par Judith Coppel
et Annik Perrot-Cornu

JC LATTÈS

Titre de l'édition originale
JOURNEY OF A THOUSAND MILES, MY STORY
publiée par Spiegel & Grau,
un département du Doubleday Publishing Group,
une division de Random House, Inc., New York.

Le papier de cet ouvrage est composé de fibres naturelles, renouvelables, recyclables et fabriquées à partir de bois provenant de forêts plantées et cultivées durablement pour la fabrication du papier.

ISBN 978-2-266-18964-4

À ma mère et à mon père

« Un voyage d'un millier de lieues commence toujours par un seul pas. »

Lao Tseu, *La Voie et sa vertu*

Introduction

Dans mon souvenir, j'entends de la musique tandis que ma mère me serre dans ses bras, une mélodie triste dont je ne me souviens pas aujourd'hui. Elle me faisait ses adieux. J'avais neuf ans et je ne pouvais imaginer la vie sans elle – elle était tout mon univers. Elle retournait à Shenyang et je devais rester à Pékin avec mon père. Shenyang c'était chez nous, avec tant de gens que je connaissais et que j'aimais. Pékin était froid, désolé, un gigantesque paysage urbain d'interminables avenues. C'était une ville où je ne connaissais personne.

Femme mince aux cheveux bouclés avec de grands yeux bruns, ma mère souriait toujours quand elle me regardait ; même ses yeux souriaient. Pourtant, à cet instant, son visage était baigné de larmes. Je fis une prière pour qu'elle ne parte pas.

— Ça suffit, lui intima mon père. Il faut que tu y ailles maintenant. Laisse ce garçon. Toute cette sentimentalité fera de lui un faible.

— Je sais que tu as raison, Lang Guoren, répondit ma mère en sanglotant. Mais cela va être dur pour lui. C'est un enfant sensible.

— Il fera ce qu'il doit faire. Comme nous tous.

Je m'agrippai à ma mère quand elle s'avançait vers la porte.

Mon père me tira.

La porte s'ouvrit.

Ma mère partit.

— Va travailler, m'ordonna mon père. Nous avons perdu suffisamment de temps pour aujourd'hui.

C'est la musique qui m'a ouvert le monde – moi, un gamin des banlieues de la Chine industrielle, je me produis aujourd'hui chaque semaine dans un pays différent et je n'ai pas d'autres foyers que ceux de mon cœur : la Chine, mon cher pays natal ; l'Europe, la terre de mes héros en musique ; et les États-Unis, la nation qui m'a transformé et qui m'a conduit jusqu'à l'âge adulte.

La musique, mon premier langage, est un langage universel, bien que chaque pays ait son propre dialecte. L'Orient et l'Occident peuvent partager en grande partie une même technologie, un même art, les mêmes sports, la même mode ou la même culture, il n'en reste pas moins que de profondes disparités subsistent. En raison de ces différentes aspirations culturelles, une même musique résonnera autrement ici ou là. À l'Ouest, la musique classique est un art démodé, surpassé par le rock, le hip-hop et d'autres formes de musique que les jeunes comprennent. Tandis qu'en Chine, restée fermée à l'Occident durant les années 1960 et 1970 en raison de la Révolution culturelle, la musique classique est au contraire une nouvelle mode. À chaque concert que je donne en Chine, quatre-vingt-dix pour cent de mon public a moins de vingt ans. Quand je donne une master class là-bas, certaines familles dorment dans les allées pour être sûres d'avoir des places, comme font ici les adolescents pour les concerts de rock. En Chine, le nombre d'enfants qui apprennent – et aiment – la musique classique est sidérant. Cinquante millions d'enfants étudient la musique en Chine, dont trente-six millions le piano. Chaque école publique propose des cours de musique et la moitié des chants enseignés viennent de l'Occident. Les ventes de piano, en baisse aux États-Unis, connaissent en Chine une croissance prodigieuse.

L'amour des Chinois pour la musique classique est souvent un peu naïf. Il y a une anecdote que j'aime à raconter au sujet d'un groupe de producteurs qui recevaient Vladimir Ashkenazy pour discuter d'un nouvel enregistrement des valses de Chopin. Les producteurs restèrent silencieux jusqu'à ce qu'Ashkenazy propose que la réunion commence. « Ne devrions-nous pas attendre le compositeur ? demanda l'un des producteurs. »

Cela me réjouit de voir que, en Chine, les élèves de piano considèrent la musique classique comme parfaitement en accord avec notre époque. Quand un jeune me dit : « Hé, Lang Lang, je sais que vous êtes sur Deutsche Grammophon. Je vois que Mozart aussi est sous contrat avec eux », cela m'enchante. J'aime l'idée qu'un jeune puisse penser que Mozart est encore en vie. Quelqu'un m'a aussi demandé si Beethoven jouait mieux du piano qu'Élise ou si c'était l'inverse (Beethoven a composé un morceau intitulé *Lettre à Élise*). J'ai répondu : « À votre avis ? » Cela ne me dérange pas qu'un public chinois applaudisse au milieu des mouvements d'un concerto plutôt que d'en attendre la fin. Pour moi, l'amour de la musique est plus important que l'étiquette.

Au cours de mes déplacements, on m'interroge sans arrêt sur ma musique, sur mon enfance et sur les ponts qui relient l'Orient à l'Occident. C'est à travers ma propre histoire que je peux répondre de la meilleure façon à ces questions.

Mon histoire est la musique : la musique classique, la musique chinoise, la musique que j'ai dans la tête…

Mon histoire est la Chine : la Chine ancienne, la Chine moderne, l'esprit même de la Chine, ma patrie.

Et mon histoire est aussi l'Occident, ma seconde patrie, qui m'a accueilli et a formé ma vie d'adulte.

Tout a commencé le jour où mes parents ont découvert mon talent pour la musique.

I

LA MOITIÉ D'UNE ENFANCE

1. Révolution

La Grande Révolution culturelle, qui se déroula sur une dizaine d'années à partir de 1966, eut un immense impact sur presque toute la population chinoise. Je suis né le 14 juin 1982, environ six ans après la fin de cette révolution, et j'en ressens encore les profondes répercussions. La Révolution opéra sur la société un gigantesque bouleversement, tant sur le plan politique que social, et les étudiants, les intellectuels, ainsi que les musiciens et les artistes furent expulsés des villes pour travailler dans des fermes et être rééduqués par les paysans. Des millions de personnes furent ainsi contraintes de quitter leur foyer. La Chine fonctionnait alors en autarcie et était fermée à l'Occident.

Vers l'âge de sept ans, j'ai commencé à questionner ma mère sur le passé de notre famille. Un soir, pendant que mon père faisait son travail de maintien de l'ordre dans le quartier des boîtes de nuit de Shenyang, après que j'eus fini mon long entraînement au piano, ma mère s'assit à mes côtés, me tendant des tranches d'orange fraîche et un verre d'eau froide. Je n'eus pas besoin de la pousser beaucoup pour qu'elle commence à me raconter sa jeunesse.

J'adorais écouter les histoires de ma mère. Comme elle avait été chanteuse et actrice dans son école, elle s'exprimait de façon théâtrale, avec un enthousiasme pétillant et de grandes pauses dramatiques. Tandis qu'elle me racontait sa vie et celle de mon père, et comment elles s'étaient entrelacées, j'entendais de la musique dans ma tête – aussi loin que je me souvienne, les instants les plus mémorables de ma vie ont toujours été accompagnés d'une bande sonore. J'entendais des études et des concertos, des sonates et des grandes symphonies. J'entendais l'action de la musique. Pour moi, la musique était action, au sens propre du terme. Et les nombreuses péripéties de mes parents représentaient l'essence de l'émotion véhiculée par la musique.

— La musique, disait ma mère, a été pour moi une passion précoce et a toujours constitué dans ma vie une source de joie et d'inspiration.

Maman me raconta que, quand elle eut quatre ans, ses parents déménagèrent avec la famille – elle et ses trois frères – de Dandong, sur la côte nord-coréenne, à Shenyang, au nord de la Chine, où son père fut engagé comme technicien hautement qualifié dans la mécanique métallurgique et sa mère comme comptable. Son grand-père adorait chanter des chants de l'Opéra de Pékin et la maison était toujours emplie de musique.

— Et ma grand-mère ? demandai-je. Pourquoi est-ce que je ne la connais pas ?

— Elle est morte d'une maladie pulmonaire quand j'étais jeune.

— Quel âge avais-tu ? demandai-je.

— Neuf ans.

Mon cœur s'emballa – soudain, je fus pris de panique.

— Est-ce que tu vas mourir quand j'aurai neuf ans ?

— Ne t'inquiète pas, mon chéri, m'assura-t-elle. Je serai toujours ici, près de toi.

— As-tu eu peur ? demandai-je.

— Oui, j'ai eu peur. Étant la seule fille, j'étais très proche de ma mère. Sa disparition m'a profondément blessée. J'étais terrorisée à l'idée de vivre sans elle.

— Et puis, que s'est-il passé ?

— La vie a continué, répondit ma mère. La vie continue toujours.

Son père excellait dans son travail à l'usine métallurgique. Il inventa un moyen d'améliorer l'efficacité des machines et fut récompensé en conséquence. Ma mère avait de bons résultats à l'école ; ils étaient tous brillants dans sa famille. À l'école, elle commença à jouer dans des petites pièces, à chanter et à danser. Puis, en 1966, la Révolution culturelle éclata, et tout changea.

Le grand-père paternel de maman était un propriétaire terrien, même si ma mère n'a jamais vu ces « terres ». Bien que son père eût été un inventeur couronné de succès et un technicien incomparable, il fut soudain considéré comme indigne de confiance et on se mit à le surveiller de près. Des rumeurs circulaient selon lesquelles mon grand-père conspirait contre la Révolution culturelle. Naturellement, ces rumeurs n'avaient aucun fondement ; pourtant, elles faisaient leur chemin. Pour ne pas inquiéter maman et ses frères, leur père n'en souffla mot. Ils ne le découvrirent que lorsqu'un ami arriva chez eux un jour en s'écriant : « Ils ont mis votre père dans la parade des fous ! » Ma mère ne savait même pas ce que cela voulait dire, mais elle s'élança dehors pour voir. Dans la rue, un groupe d'hommes, parmi lesquels son père, était forcé de marcher depuis l'usine. Ils portaient tous des bonnets d'âne et arboraient des pancartes avec des mots que maman ne comprenait pas. Elle voulut courir vers lui, mais il était cerné par des gardes. Ce soir-là, son père ne rentra pas à la maison. Elle sanglota comme un bébé. Quand il apparut finalement le matin suivant, elle se précipita vers lui.

— Pourquoi t'ont-ils fait cela ? demanda-t-elle. As-tu commis une faute ?

— Je n'ai commis aucune faute, assura mon grand-père. Je n'ai rien fait de mal, mais les temps changent et les gens qui sont au pouvoir me persécutent sans même me connaître.

Son père fut réintégré dans l'usine dans une position subalterne et ne fut plus ni reconnu ni respecté. Ma mère ressentit le mépris de la communauté plus durement encore dans son école. Ses camarades de classe étaient choisis pour appartenir à la Garde rouge, ce qui représentait un honneur. Ceux qui étaient sélectionnés portaient une écharpe rouge spéciale, et à cause de son père, maman n'y eut pas droit. Néanmoins, elle fut sélectionnée pour le spectacle de l'école car elle chantait bien. On lui donnait alors l'écharpe qu'on lui reprenait dès la fin du spectacle. Les garçons de son école l'insultaient et la pourchassaient dans les couloirs. Ils ne s'attendaient aucunement à ce qu'elle réagisse, pourtant elle leur répondait toujours. Elle aurait pu être blessée par leur haine, mais elle n'était ni timide ni faible. Elle nourrissait des rêves et des ambitions.

— Quel genre de rêves, maman ? demandai-je.

— Celui de faire partie d'un groupe de danse ou de chant professionnel. Celui de jouer. Quand j'étais sur scène, peu importait ce que les autres pensaient de moi : je devenais invincible.

Maman avait du talent et de l'imagination. Elle sentait les histoires qui se déroulaient derrière le lyrisme des chants et savait les faire vivre. Elle avait la capacité de se mettre dans la peau de différents personnages. Elle pouvait se fondre dans un drame historique, une chanson d'un autre siècle ou encore une chorégraphie arrangée des dizaines d'années avant sa naissance. Elle se sentait libre sur scène et avait bon espoir de devenir une professionnelle. Les militaires recrutaient des actrices et des chanteuses pour encourager les troupes de l'Armée de Libération. À cette époque, le pouvoir militaire était dominant et jouer devant les généraux était le plus grand des honneurs. Ma mère avait toutes les raisons de penser qu'elle serait choisie : ses professeurs l'avaient chaudement recommandée, ses camarades s'accordaient à dire qu'elle était la meilleure actrice, danseuse et chanteuse de son école. Elle fut pourtant refusée.

— La famille de mon père possédait des terres et, pendant la Révolution, non seulement les propriétaires terriens mais aussi leurs petits-enfants étaient sujets à suspicion. Mes études arrivaient à leur terme, mes rêves aussi…

Ma mère et ses trois frères furent envoyés loin de leur père ; ma mère fut employée dans une ferme et ses frères travaillèrent dans différents villages. L'un d'eux était un chanteur talentueux à l'Opéra de Pékin mais sa carrière prit fin pendant la Révolution.

J'adorais écouter ma mère. Pourtant, inévitablement, ses histoires finissaient et elle m'enjoignait de retourner à mon travail. J'étudiais des morceaux de Chopin et de Liszt auxquels les autres élèves ne s'attaquaient pas avant l'âge de treize ou quatorze ans, et ce défi me stimulait. Mais tandis que mes doigts couraient sur les touches, mon esprit était accaparé par les histoires que ma mère m'avait racontées sur ma famille. J'étais fier qu'elle ne se soit pas laissé intimider par les garçons de son école et persuadé que son talent aurait été à la hauteur de ses ambitions. Je travaillais pour saisir les opportunités qu'elle avait manquées, jusqu'à conquérir la musique comme elle avait conquis ses ennemis. La musique devint la bande sonore d'un film consacré à ma mère.

À la petite table où nous prenions nos repas, elle me servait mon plat préféré, des boulettes chaudes et du chou aigre au lard. Mon père travaillait tard ; nous dînions donc souvent tous les deux et je la pressais de continuer ses histoires.

Elle me raconta sa rencontre avec mon père en 1977, alors qu'ils avaient tous deux vingt-quatre ans. La Révolution culturelle venait de prendre fin et, en raison de l'excellent travail qu'elle avait fourni à la ferme, elle avait obtenu la permission de retourner à Shenyang. Elle fut engagée comme standardiste à l'Institut des sciences tandis que mon père travaillait dans une usine. Mais le rêve de mon père était de devenir musicien. Il jouait du erhu, l'instrument traditionnel le plus populaire en Chine ; muni de deux cordes, cet instrument occupe une place similaire à celle du violon dans un orchestre occidental. Les conservatoires de musique ayant fermé pendant la Révolution culturelle, mon père n'avait pu réaliser son vœu d'en intégrer un. Il avait donc trouvé un emploi à temps partiel dans la troupe d'un cirque acrobatique et voyageait parfois avec eux. Mais ce n'était pas un travail stable.

À leur premier rendez-vous, mon père emmena ma mère au cinéma voir un film russe. Après quoi, il confia à ses amis qu'il appréciait infiniment son allure et sa personnalité.

Je demandai à ma mère si son impression avait été la même.

— Difficile à dire. Mon homme idéal était plus grand, un peu plus brillant que ton père, plus expansif et plus chaleureux. Et aussi plus établi dans la vie professionnelle.

Lorsque je demandai ce qu'en avait pensé mon grand-père, ma mère ne put s'empêcher de rire et me raconta que son père l'avait mise en garde : « Cet homme n'a aucun avenir professionnel. Tu ne seras pas heureuse avec lui. » Mon grand-père interdit à ma mère de le revoir, mais mon père était tenace et, en dépit de la désapprobation de son père, elle accepta de le rencontrer secrètement à plusieurs reprises. Un soir qu'elle rentrait à la maison, son père les surprit devant la porte. Furieux, il gifla ma mère. Ce fut la seule et unique fois, selon maman, que son père leva la main sur elle.

Elle cessa alors de voir mon père, autant par sa volonté que par celle de son père. Quelque temps après, mon père la rappela ; son poste de standardiste faisait qu'elle était joignable à tout instant par téléphone. Le pays était plein de nouveaux espoirs pour l'avenir, les universités venaient de rouvrir et mon père décida donc de se porter candidat pour entrer au conservatoire ; il savait qu'une meilleure éducation était la clé pour devenir un musicien professionnel. Tandis qu'il étudiait pour les examens d'admission, il dit à ma mère : « Je t'en prie, Zhou Xiulan, ne m'en veux pas si je ne t'appelle pas pendant un moment, je dois me consacrer entièrement à ce concours. » Naturellement, ma mère comprit et lui souhaita bonne chance.

Mon père sortit premier aux deux premiers examens, mais il fut recalé. Ma mère m'expliqua que les dirigeants du conservatoire avaient trouvé une contradiction dans le dossier de mon père. À cette époque, l'âge limite d'admission était vingt-cinq ans. Papa avait vingt-cinq ans mais un professeur lui avait conseillé d'indiquer vingt-quatre de façon à ce que, s'il échouait à ses examens, il puisse recommencer l'année suivante. Mon père s'exécuta mais son honnêteté le poussa à écrire entre parenthèses, juste au-dessous : « Âge réel : vingt-cinq ans. » Il fut immédiatement disqualifié, en dépit des deux premières places qu'il avait obtenues. Je peux imaginer à quel point il a pu souffrir de voir ses rêves anéantis par une erreur aussi stupide qui n'avait rien à voir avec son talent.

Mon grand-père interdit alors formellement à ma mère de revoir mon père. Selon lui, l'incident prouvait que Lang Guoren n'était pas digne de sa fille. Maman fut sommée de rendre à mon père tous les cadeaux qu'il lui avait offerts et elle fut obligée d'obéir.

— Tu l'as quand même épousé, rappelai-je à ma mère.

— Comme je te l'ai dit, ton père était un homme tenace. Il ne voulait pas renoncer. Une fois libéré de ses études, il s'est mis à m'appeler sans arrêt à mon travail. Certains jours, il me téléphonait jusqu'à cinquante fois, au point que j'avais du mal à faire mon travail. Il insistait pour que je l'accompagne au concert ou au théâtre. Quand je lui répondais que mon père me l'avait interdit, il répliquait : « Tu n'as pas besoin de le dire à ton père. »

Ainsi commença une nouvelle phase, encore plus secrète, de leur relation. Au début, mes parents étaient de simples amis. Ma mère commençait à apprécier de plus en plus la compagnie de mon père : elle s'était rendu compte de son intelligence et de leur intérêt commun pour l'art mais elle l'avertit qu'elle ne voyait pas son avenir avec lui.

— « Ne me sous-estime pas, Zhou Xiulan », me répondit Lang Guoren. « J'ai un bel avenir devant moi. Je te le prouverai. Je deviendrai un musicien professionnel. » Comme mes propres aspirations artistiques avaient échoué, je ne pouvais pas le croire. Je pensais qu'il serait impossible pour lui de trouver un travail stable en tant qu'artiste. « Je trouverai un travail, disait-il, et je gagnerai ton amour. »

Naturellement, comme à chaque fois que mon père se mettait une idée en tête, il atteignit ces deux objectifs. L'armée de l'air avait sa propre formation musicale mais il fallait passer des examens pour l'intégrer. Le salaire de l'orchestre de l'armée de l'air était correct et le poste stable. S'il était admis, il pourrait quitter ses deux emplois, celui de l'usine et celui du cirque acrobatique. Aussi trouva-t-il, au conservatoire de musique de Shenyang, un professeur pour l'entraîner. Pendant des mois, il pratiqua le erhu jour et nuit, dehors pour ne déranger personne. Il commençait à 4 heures du matin avant d'aller travailler, jusqu'à minuit après son travail. Il faisait preuve d'une discipline sans faille et, comme il l'avait prédit, il réussit avec brio le jour de l'examen. Il fut engagé dans l'armée de l'air comme soliste et chef d'orchestre.

Le père de maman fut impressionné.

— Peut-être ai-je été trop sévère, Zhou Xiulan, admit-il. Il est ambitieux et déterminé. Je ne me mêlerai plus de votre amitié.

Leur amitié se mua en amour. Je ne voyais pas mon père comme quelqu'un de romantique, pourtant, quand ma mère m'a raconté leur histoire, j'ai compris qu'il était pris de passion. Mes parents se marièrent le 22 avril 1980 et je vins au monde un peu plus de deux ans après.

Ils habitèrent d'abord chez mes grands-parents

paternels. Cependant, quand le jeune frère de papa se maria, il eut besoin d'un endroit où vivre avec sa nouvelle épouse. Mon père offrit généreusement sa place dans la maison familiale. À cette époque, il était impossible d'acheter un appartement, car ils étaient alloués par le gouvernement. Néanmoins, en tant que musicien de l'armée de l'air, mon père avait droit à une pièce dans les baraquements. Comme ma mère était enceinte de moi à ce moment-là, ils purent s'y installer et le problème fut résolu. Surgirent alors de nouvelles complications : Deng Xiaoping réformait la Chine et l'un de ses objectifs était de réduire la taille de l'armée ; papa apprit que l'orchestre de l'armée de l'air de Shenyang serait démantelé au cours des deux années à venir et qu'il n'aurait plus droit à cette pièce.

Alors il conçut un plan défiant toutes les règles. Maman étant à moins d'un mois de l'accouchement, la situation était urgente. Elle ne se sentait pas bien et l'idée de se retrouver à la rue était plus qu'elle ne pouvait supporter, aussi suivit-elle le plan de papa. Il trouva un camion et déménagea tout – le lit, le buffet, les vêtements – sans autorisation, dans un appartement vacant des baraquements. Bien sûr, cela mit les chefs très en colère. À l'armée, on ne tolère pas la désobéissance. Certains de ses supérieurs voulurent les expulser séance tenante, tandis que d'autres se montrèrent plus compréhensifs. Comment faire déménager un homme dont la femme est sur le point d'accoucher ? Contre toute attente, mes parents eurent le droit de rester et je vis le jour dans les baraquements de l'armée.

Mon prénom, Lǎng, signifie « lumière » et « soleil » et mon nom de famille, Láng, signifie « gentleman cultivé ». Je remercie mes parents de m'avoir donné un nom aussi merveilleux ; je me dois maintenant d'être à la hauteur. Et j'eus besoin de cette force dès le départ car ma naissance, comme tant de choses dans ma vie, fut un défi. Étranglé par le cordon ombilical qui s'était enroulé deux fois et demie autour de mon cou, j'étais entre la vie et la mort. Mon visage était presque vert et aucun son ne sortait de ma bouche. Cependant, quand le médecin défit le cordon et me tapota le derrière, je poussai un long cri perçant.

Je survécus, m'expliqua ma mère, car j'avais une mission à remplir – la mission d'apporter la musique au monde. En tant qu'enfant de deux musiciens dont les ambitions avaient été brisées, j'étais l'objet d'espoirs immenses – ceux-là mêmes qui m'ont guidé et conduit vers le succès.

2. Tom et Jerry

Les gens me demandent souvent quelles sont mes influences. Ils veulent connaître les mouvements culturels qui ont inspiré mon amour de la musique et s'attendent à m'entendre citer Beethoven ou Brahms, Tchaïkovski ou Bach. Naturellement, ils sont surpris quand je leur parle de Tom et Jerry, les célèbres personnages du dessin animé créé à Hollywood.

Comment est-il possible qu'un chat de dessin animé poursuivant une souris ait pu m'inspirer ? Laissez-moi vous expliquer.

Tout a commencé un matin alors que je n'avais pas encore deux ans. C'était l'été et je dormais profondément quand des coups sonores frappés à la porte me réveillèrent. Un homme criait : « Livraison ! »

Ma mère ouvrit la porte et je me tins derrière elle. Deux hommes étaient dans l'entrée, de chaque côté d'un énorme carton.

— Qu'est-ce que c'est ? demandai-je à ma mère.

— Tu verras, répondit-elle en souriant fièrement.

J'eus l'impression que les livreurs n'en finiraient jamais d'arracher les multiples couches de carton épais.

Finalement, je découvris sous tout cet emballage le plus bel objet que j'avais jamais vu.

Un piano droit.

Je me précipitai pour le toucher. J'enfonçai les touches. Le bois sombre était lisse, sans aucune rayure. Les ivoires étaient doux. Au-dessus des touches, une inscription indiquait « Xing Hai ».

— Il est à toi, annonça ma mère. Entièrement à toi.

Je la serrai dans mes bras et jouai sur mon piano jusque tard dans la soirée, après que mon père fut revenu de son travail.

Très peu de temps après l'arrivée du piano, je vis deux dessins animés sur notre petit poste de télévision noir et blanc. Dans le premier, *Le Royaume de la musique*, on pouvait voir des instruments de musique jouant d'eux-mêmes. D'abord apparaissait la trompette, déclarant : « Je suis la trompette. Je suis un général puisque je joue l'ouverture. » Puis arrivaient les timbales qui prétendaient être les plus puissantes puisqu'elles engendraient le tonnerre et les tempêtes, tandis que la harpe répétait qu'elle produisait le son le plus merveilleusement céleste et que le violon déclarait qu'en raison de son rôle prépondérant dans l'orchestre, il régnait sur les autres instruments. Soudain, tous les instruments disparaissaient, laissant place à un grand piano jouant tout seul. « Le roi est arrivé », affichait une annonce. Le dessin animé m'avait rendu fier de jouer du plus important des instruments. Mais plus encore que *Le Royaume de la musique*, un épisode de *Tom et Jerry* appelé « Le concerto du chat » fit sur moi une grande impression et, chaque fois que je le voyais, j'étais subjugué.

Tom est un chat et aussi un pianiste de concert. Il apparaît en smoking et salue le public. Puis il commence à jouer. Son jeu est sublime. Un chat en smoking qui joue du piano ! Je trouvais cela hilarant. D'abord, la musique est lente. À l'intérieur du piano, Jerry, la petite souris, fait tranquillement la sieste sur les cordes et les feutres. Au bout d'un moment, il se réveille et fait des signes à Tom pour le narguer, tandis que celui-ci fait mine de l'ignorer et continue à jouer. Alors Jerry, pour énerver Tom, se glisse sous les touches. La musique et l'action s'accélèrent. Tom et Jerry se poussent mutuellement à bout : Tom se prend le doigt dans un piège à souris placé par Jerry ; il précipite Jerry sous le banc du piano. Jerry ressort et se met à taper sur les touches dans un rythme de jazz au milieu du morceau classique. Le chat et la souris se battent furieusement tandis que la musique va *crescendo*. La musique et la bagarre sont parfaitement synchronisées. À la fin, Jerry triomphe. Le chat est au bout du rouleau tandis que la petite souris, vêtue d'un smoking, salue sous les ovations du public.

J'appris plus tard que le morceau joué par ce duo était la *Rhapsodie hongroise n° 2* de Franz Liszt. Mais âgé de seulement vingt et un ou vingt-deux mois, je n'avais pas la moindre idée de ce qu'était un compositeur. J'aimais simplement les personnages et la manière dont ils jouaient ensemble et en opposition. Le chat chassait la souris, la souris se moquait du chat, les petites pattes détalaient de haut en bas du clavier. J'étais surtout impressionné par les doigts de Tom. Il pouvait les étirer au point d'atteindre les touches à n'importe quel bout du clavier. Enfoncer une touche revenait à déclencher l'action. Enfoncer plusieurs touches augmentait l'intensité dramatique. Plus on jouait vite, plus les créatures se pourchassaient vite ; plus leurs aventures devenaient échevelées et plus leurs culbutes étaient folles et leurs farces comiques.

Le piano était synonyme d'amusement.

C'était un déchaînement, une folie, une lenteur, une accélération, un carrousel de musique.

J'avais envie de jouer de plus en plus vite pour voir comment mes doigts pouvaient courir sur le clavier. Je voulais savoir à quelle vitesse je pouvais poursuivre Tom et avec quelle rapidité je pouvais attraper Jerry. Je voulais sauter et tomber puis me relever et tout recommencer. Même si mes mains se fatiguaient et que mes doigts commençaient à me faire mal, cela n'avait pas d'importance car j'inventais des histoires tout en faisant de la musique.

Mon père m'accompagnait au erhu pratiquement chaque jour. Il appréciait mon entrain et se montrait lui-même enjoué. Il savait faire rire et chanter le erhu. Ensemble, nous inventions des histoires sans paroles. C'était une période où l'amour entre mon père et moi avait trouvé un moyen d'expression. C'était une entente profonde et puissante, mais dangereuse aussi, un amour mêlé d'une ambition dévorante et sans merci, suffisamment forte pour transformer un jeu d'enfant en obsession.

3. Les baraquements

Pour plusieurs raisons, le fait d'être né dans un dortoir de l'armée de l'air a fait de moi ce que je suis aujourd'hui. Tout d'abord, j'ai vécu en sécurité, dans un environnement protégé. Nous ne fermions pas les portes à clé et n'avions aucun danger à redouter puisque l'entrée de la base était férocement gardée ; en fait, j'ai grandi dans un des endroits les mieux gardés de toute la Chine. Dans cette bulle imperméable, j'eus tout le loisir de me concentrer sur la musique, sans préoccupations ni distractions. Ensuite, le camp était source d'aventures potentielles : la base militaire représentait un terrain de jeux excitant, un pays merveilleux pour l'imagination d'un enfant déjà enclin à se perdre lui-même dans des rêves de contrées lointaines. En 1984, la Chine était engagée dans une guerre avec le Vietnam et des avions de combat affreusement bruyants survolaient la base, y atterrissaient ou en décollaient tandis que je jouais avec mes camarades. La vue de ces avions me faisait penser qu'un jour, je visiterais le monde. Mais le mieux, c'était que dans notre secteur de baraquements, le quartier des artistes, la musique était omniprésente. Chaque samedi soir, papa et maman invitaient chez nous nos amis musiciens et leurs enfants.

Évidemment, tous les enfants étaient enfants uniques. En 1979, alarmé par la croissance de la population, le gouvernement chinois imposa la politique de l'enfant unique et une génération entière fut à la fois bénie et maudite par une attention parentale sans partage et un défaut de compagnonnage au sein de la famille. Sans compter que nos parents, frustrés par la Révolution culturelle, avaient projeté tous leurs espoirs sur nous. Nous allions réaliser leurs rêves, réussir là où ils avaient échoué. Chaque parcelle restante de leur énergie nous était dévolue ; nous avions la charge et la bénédiction de leurs ambitions déçues et de leurs aspirations. Les symboles de chance favoris des parents chinois pour leurs enfants sont le dragon et le phénix. Chaque parent espère que son fils soit un dragon et sa fille un phénix. En tant qu'enfants uniques, nos grands-parents nous appelaient même « Petit Prince » ou « Petite Princesse ». Et pour peu que l'enfant fût réellement talentueux, la pression était encore plus forte et les espérances encore plus grandes.

Nos soirées dans les baraquements d'artistes étaient très joyeuses, mais aussi très intenses et compétitives. Presque tous les enfants jouaient d'un instrument occidental, tandis que leurs parents improvisaient pour les accompagner sur des instruments chinois : le erhu, le pipa, qui ressemble au luth, le guzheng, une harpe chinoise, le suona, une sorte de trompette chinoise, et la flûte de bambou. Une petite fille jouait du violon, un petit garçon du erhu, mais la plupart jouaient du piano. Si je jouais du piano, c'est parce que mon père disait que c'était l'instrument le plus apprécié et mes parents avaient fait ce choix depuis qu'ils avaient découvert mon talent ; en outre, ils m'avaient enseigné le solfège avant même la lecture, car ils avaient remarqué que je pouvais chanter des mélodies entendues à la radio alors que je n'avais pas encore un an.

J'avais plaisir à jouer. Et plus encore que jouer, j'aimais à me produire en public : faire entendre à mes amis et à leurs parents une sonate de Mozart ; j'adorais partager la musique avec les autres. Beaucoup d'enfants étaient plus âgés que moi et déjà exercés dans le domaine musical, et j'avais clairement conscience de vouloir les dépasser. Néanmoins, ma nature compétitive n'a jamais interféré avec la camaraderie, la chaleur et la générosité de nos petites réunions.

Pourtant, certains enfants chuchotaient : « Lang Lang est un frimeur. » Je voulais à tout prix jouer un morceau, puis un autre, et encore un autre ; j'aurais pu jouer chaque morceau que je connaissais, depuis une fugue de Bach jusqu'au morceau de Liszt intitulé *Fantaisie hongroise*. Bien sûr, chaque enfant aime à montrer ses prouesses, que ce soit à la course, à la nage ou au piano. Cependant, mon désir de jouer allait au-delà de la simple démonstration : je voulais m'exprimer à travers la musique.

Ma mère emplissait notre petit baraquement de fleurs fraîches et de plantes exhalant des effluves de menthe ou d'épices. L'air était frais, parfumé et nous étions réunis, jouant de la musique et chantant des chansons qui évoquaient toujours de nobles bergers amoureux de la nature ou encore des rivières maternelles – maternelles car elles donnent aux hommes leur substance vitale et leur nourriture. Je garde de ces concerts de fortune les meilleurs souvenirs de mon enfance.

La camaraderie était grande dans les baraquements. Nous mangions dans les mêmes cuisines et partagions les mêmes salles de bains. Le hasard des circonstances avait fait de nous une famille d'artistes, mangeant, chantant, riant et jouant avec tout notre cœur.

4. Une histoire de professeur

À l'âge de quatre ans, je surpris mon père parlant à M. Bai, le directeur de l'orchestre de l'armée de l'air.

— Mon fils a besoin d'un bon professeur.

— Le professeur de violon de ma fille a une amie qui dirige le département de piano au conservatoire de musique de Shenyang, proposa M. Bai. C'est le meilleur professeur de la ville.

— Pourrait-elle donner des cours à mon fils ?

— Elle doit d'abord l'entendre jouer.

À partir de ce jour, mon père me mit la pression.

— Maintenant, tu dois t'exercer deux fois plus. Quand tu joueras devant ce professeur, tu n'auras pas droit à l'erreur. Pas une seule. Commence à travailler dès maintenant.

Mes parents m'avaient enseigné des rudiments de solfège, mais c'est mon père qui était devenu mon professeur de piano. Il avait étudié le piano ces deux dernières années sur un orgue à pédales afin de pouvoir m'instruire. Pourtant, il voyait à présent les limites de sa capacité d'enseignement et il voulait pour moi le meilleur professeur possible.

Je me rendais compte que ses projets me concernant revêtaient une soudaine urgence et, pour la première fois, j'eus peur de le décevoir. Il m'apprit que mon professeur s'appelait Yafen Zhu et qu'avec son aide, je deviendrais un bon pianiste.

— La seule manière d'y parvenir est une pratique assidue, me dit-il. C'est grâce à ça que tu seras connu dans le monde entier.

Ma première rencontre avec le professeur Zhu était un événement d'importance, mais la journée avait mal commencé. Mon père était nerveux et, naturellement, cela me rendait nerveux. Il craignait que ma performance ne corresponde pas aux critères du professeur et qu'elle me refuse. Auquel cas, ma carrière serait terminée avant même d'avoir commencé. D'après mon père, tout dépendait de l'excellence de mes professeurs. Et tout le monde s'accordait à dire que le professeur Zhu était la meilleure.

— Aucune erreur, me répétait mon père. Quand tu joueras devant cette femme, tu ne dois commettre aucune erreur.

En m'habillant ce matin-là, je me représentai, se tenant au-dessus de moi, une grande sorcière qui me tapait sur les doigts avec une règle à chaque fausse note. J'avais peur. Après tout, c'était ma première audition.

— Dépêche-toi ! hurla mon père. Il faut partir !

Mon père me cala dans le side-car de son deux-roues pour traverser la ville. C'était l'hiver et Shenyang était morne ce matin-là, de mauvais augure, même. La température était glaciale et le vent me fouettait le visage tandis que la cité bétonnée défilait. Je découvrais un paysage de forges avec quelques arbres dénudés. Les usines crachaient de la fumée. Le ciel était gris. La neige tombait. À Shenyang, même quand le temps était chaud, le soleil restait caché derrière une épaisse couche de brouillard jaune. Cité industrielle de sept millions d'habitants, plus grande ville du nord-est de la Chine, fière capitale de la région Laioning, Shenyang semblait triste ce matin de ma première audition, inflexible et glacée. J'étais moi-même glacé et terrorisé.

Pourtant, dès l'instant où je vis le professeur Yafen Zhu, ma peur s'évanouit. C'était une petite femme délicate qui n'avait rien d'une sorcière. Elle m'accueillit avec un sourire et m'aida à ôter mon manteau et mes mitaines. Elle était patiente et parlait avec douceur.

Les enfants sentent quand ils sont aimés des adultes et j'eus immédiatement le sentiment que le professeur Zhu me comprenait. Elle me complimenta sur mon uniforme militaire, la plus belle pièce de ma garde-robe. Elle me demanda gentiment si les pistolets en plastique à ma ceinture ne risquaient pas de me gêner pour jouer. Je les sortis et les confiai à mon père. Elle me demanda si je n'avais pas besoin d'aller aux toilettes avant de commencer, si j'avais soif, et me conseilla de me détendre.

« Détente » était pour moi un mot nouveau en tant que directive musicale. Quand je regardais des dessins animés ou que je jouais du piano pour m'amuser, j'avais le droit de me détendre. Mais quand mon père voulait évaluer mon niveau, la détente n'était plus de mise : je craignais trop de le décevoir. Et ce jour-là, tout naturellement, je voulais satisfaire le professeur Zhu. L'expression même de « détente » m'apparut soudain comme une révélation. Se détendre face à la critique ? Se détendre malgré la menace, suspendue au-dessus de ma tête, d'être refusé ?

— Oui, mon enfant, détends-toi, répéta le professeur Zhu. Pense à ce qui te rend le plus heureux, et joue.

Je pensai à mon personnage de dessin animé favori, le Roi Singe, qui était capable de surmonter n'importe quel obstacle, de dominer toutes ses peurs et qui finissait toujours par l'emporter. Je me détendis et je jouai bien.

— Tu es doué, déclara le professeur quand j'eus terminé.

Elle me caressa la joue, un geste qui me fit penser à maman.

— Je vais te donner un nouveau livre d'exercices et une composition à apprendre pour la semaine prochaine.

— Ne devrait-il pas apprendre deux ou trois compositions ? demanda papa.

— Une seule suffira, répondit calmement le professeur Zhu. Il n'y a pas d'urgence.

— Et la compétition ? reprit papa. Quand sera-t-il prêt pour la compétition ?

— Il sera prêt quand il sera prêt, répondit mon nouveau professeur. Et croyez-moi, cela viendra bien assez tôt.

Des années plus tard, après que j'eus obtenu quelques succès, je demandai au professeur Zhu la première impression qu'elle avait eue de moi.

— On m'avait dit que tu étais doué, dit-elle, mais je ne savais pas trop à quoi m'attendre.

Elle me décrivit mes manières charmantes, la façon polie dont je l'avais saluée quand je lui avais été présenté. Elle me raconta qu'elle m'avait aussi présenté à sa belle-mère qui partageait l'appartement avec son mari et elle.

— À compter de ce jour, chaque fois que tu venais pour ton cours, tu passais d'abord par la chambre de ma belle-mère, tu frappais à la porte et quand elle ouvrait, tu t'inclinais pour la saluer.

Elle me raconta encore que je lui avais demandé, d'une voix délicieusement haut perchée, si elle aimerait m'entendre jouer.

— Bien sûr que j'aimerais, mon enfant, m'avait-elle répondu.

Je m'étais avancé directement vers le piano, avais placé deux coussins sur le banc pour pouvoir atteindre les touches et commencé à jouer un morceau de Hanon extrêmement difficile. Elle ajouta que j'avais joué sans hésitation, que ma relation avec le piano ressemblait à celle que les autres enfants avaient avec les jouets.

— Ton plaisir à jouer était évident, poursuivit-elle, c'était un jeu pour toi, un jeu pour lequel tu manifestais un don exceptionnel.

— L'accepteriez-vous comme élève ? demanda aussitôt mon père.

Elle répondit tout aussi vite.

— J'ai dit à ton père que je le ferais avec joie car tu avais du talent. Cela ne l'a pas fait sourire. D'ailleurs, à cette époque, je ne me souviens pas de l'avoir jamais vu sourire. Il avait des questions auxquelles il lui semblait urgent de répondre – et cela ne pouvait pas attendre.

— Jusqu'à quel point pensez-vous que Lang Lang ait du talent ?

— Beaucoup de talent, affirma le professeur Zhu.

— Il faut qu'il devienne le pianiste numéro un de toute la Chine, et ensuite du monde entier. Cela vous paraît-il possible ? demanda-t-il.

Le professeur Zhu comprenait que mon père, comme tant de parents dont les vies avaient été affectées par la Révolution culturelle, reportait sur moi tous ses espoirs. Elle admirait sa détermination : il disait ce qu'il voulait dire et voulait dire ce qu'il disait. La vie du professeur Zhu avait été interrompue par la Révolution culturelle. Elle, son mari et leurs enfants avaient été déportés pour travailler dans des rizières. Pendant de nombreuses années, ils avaient peiné dans les champs et mon professeur n'avait pas pu jouer de piano. À cette époque, il eût même été dangereux de dire qu'on aimait Bach. Le professeur Zhu avait été élevée à Shanghai par des religieuses parlant anglais et avait suivi l'enseignement du plus respecté des professeurs de toute la Chine, Mme Cui Cheng Li. Mme Cui Cheng Li avait été une pianiste de légende, capable de transposer et de jouer *Le Clavier bien tempéré* de Bach dans toutes les clés. Mentor aimé de tous et prodige musical, elle ne survécut pas à la Révolution : elle se suicida, tout comme d'autres musiciens à la même époque. En dépit des épreuves endurées par sa famille, le professeur Zhu affirmait que toutes ces années passées dans les rizières n'avaient pas été entièrement mauvaises.

— Les fermiers nous aimaient et nous les aimions. Ils étaient patients et gentils. Cela m'a fait comprendre que la patience était la clé de l'apprentissage et de l'enseignement. Je voyais bien l'impatience de ton père quant à ta réussite. « Soyez sévère avec lui, me disait-il. Poussez-le. Mettez la barre très haut. Il faut qu'il se surpasse. Il doit être capable de tout au piano. »

Le professeur Zhu expliqua à mon père que j'avais l'oreille fine, de grandes mains avec de longs doigts, un sens instinctif du rythme et un don pour déchiffrer les notes. Pourtant, si importants fussent ces facteurs, elle pensait que ma qualité principale était mon esprit. Elle sentait que je comprenais le pouvoir de la musique et que j'étais capable d'en capter les émotions vertigineuses.

— Si nous le traitons durement, dit-elle à mon père, et que nous le poussons sans relâche, nous mettrons cet esprit en danger et peut-être même risquons-nous de le détruire. Ce serait un crime.

Elle ajouta qu'elle comprenait bien l'ambition de mon père pour moi, et même qu'elle y souscrivait, mais qu'elle aurait toujours à cœur de protéger avant tout mon esprit.

Mon père ne comprenait pas la philosophie du professeur Zhu. Il la trouvait trop douce avec moi, et cela l'inquiétait. Il me pensait capable de tout, quelles que soient les difficultés. Il suffisait que je travaille davantage si c'était nécessaire. Il m'aurait fait travailler toute la nuit s'il l'avait fallu.

— Les enfants ont besoin de se distraire, disait mon professeur à mon père. Ils ont besoin de se reposer et de jouer, tout comme les plantes ont besoin de lumière et de nourriture. Vous ne pouvez pas les forcer à grandir plus vite.

Néanmoins, mon père insistait pour qu'elle me pousse davantage, qu'elle me donne des morceaux plus difficiles et que je les mémorise plus vite que les autres. Il pensait que j'étais différent des autres enfants.

— Si vous lui laissez la bride sur le cou, ça n'est pas lui rendre service, lui disait-il. Vous compromettez ses progrès et son avenir.

Pourtant, même si elle ne changea pas son comportement envers moi, mon père respectait le professeur Zhu, tout en continuant, au fil des années, à s'opposer à elle.

Incontestablement, la patience et l'éducation du professeur Zhu ont changé ma vie. Cependant, l'approche de mon père, qui reflétait la culture de notre pays à cette époque, a finalement prévalu. Cette approche consistait avant tout à gagner, gagner, gagner.

5. Le Roi Singe

À l'âge de quatre ans, mon univers se confinait à notre petit logement dans les baraquements de l'armée de l'air et était centré sur la musique, les dessins animés et les bandes dessinées. Les seuls horizons qui s'ouvraient à moi, je les devais au Roi Singe. Il était mon héros. Le Roi Singe était un adorable personnage de dessin animé, mais aussi bien plus que cela. En grandissant, j'appris que c'était le personnage d'un roman épique chinois des années 1500 qui avait pour titre *Voyage en Occident*, lui-même inspiré d'une histoire du VIIe siècle, sous la dynastie Tang. Tout petit déjà, je comprenais sa signification. Le Roi Singe avait pour mission héroïque d'apporter la vérité aux gens. Ayant bon cœur, il venait en aide aux malheureux. Né d'un roc, il était immortel. Au ciel, il s'était rebellé et avait été enterré sous une montagne pendant cinq cents ans. Il n'avait réussi à s'échapper qu'après avoir accepté de protéger un singe durant le pèlerinage des singes apportant les textes sacrés bouddhistes depuis l'Inde jusqu'en Chine. Il était plus fort que toute autre créature au monde ; nul ne pouvait l'attraper : il était doté d'une puissance et d'une rapidité incroyables. Mais bien qu'il prît ses attributions au sérieux, cela ne l'empêchait pas de faire des siennes et de s'amuser. Il pouvait se changer en poisson, en puce, en navet ou en arbre. Néanmoins, il gardait toujours sa queue – cela me faisait rire.

Comme la musique, le Roi Singe revêtait beaucoup de formes différentes qui évoquaient d'innombrables histoires. Mais dans chacune, le Roi Singe savait distinguer les bons des mauvais. Il protégeait les enfants, les singes et les bonnes gens. L'un de ses compagnons était un adorable porc qui avait d'abord été un général du Palais du Ciel transformé ensuite en porc à cause de son obsession des femmes ; il ne pouvait contrôler ni son tempérament ni ses appétits. Si vous détourniez le regard, il dévorait toute votre nourriture. Pourtant, on pardonnait au porc, comme on pardonnait au Roi Singe, parce qu'il avait bon cœur et qu'ils étaient tous deux engagés dans un long périple pour apporter la joie aux gens.

Peu après, je fis connaissance avec Superman, très populaire en Chine. Tout-puissant, il pouvait voler et arrêter les méchants. Pourtant, le Roi Singe lui était supérieur car il résistait aux femmes et n'avait pas besoin d'une vie amoureuse ; ses aventures étaient sa seule passion. Il avait ses problèmes de singe, mais il pouvait terrasser quiconque se risquait à le menacer, inspirant même la crainte aux dieux chinois. Libéré de sa captivité sous la montagne, il parvenait toujours à se faire pardonner les fautes qu'il avait pu commettre. À travers ses folles aventures, il transmettait un message de paix et de pardon. Le Roi Singe me donnait du courage. Enfant, je n'étais pas bon en dessin, sauf lorsqu'il s'agissait du Roi Singe pour lequel j'étais devenu expert et que je ne me lassais jamais de dessiner.

Mon ami Mark Ma, dont le nom chinois était Zhi Jia (il partit par la suite s'installer aux États-Unis avec ses parents et changea son nom), et qui vivait aussi dans les baraquements de l'armée de l'air, adorait le Roi Singe tout autant que moi. Nous aimions jouer avec les jeux Atari, qui venaient du Japon et que son père lui achetait, ou encore regarder *Dragon Ball Z*, une bande dessinée japonaise. Mark avait la meilleure collection de bandes dessinées et de cartes à collectionner. De tous les enfants que je connaissais, c'est aussi lui qui possédait le plus de Tranformers, ces jouets qu'on pouvait faire passer d'une machine ordinaire à un robot en faisant pivoter certains éléments. Un camion, par exemple, pouvait se transformer en avion de combat. Tout comme le Roi Singe, les Transformers captivaient mon imagination car ils pouvaient raconter des histoires. Il y avait les bons et les mauvais Transformers. Les Autobots, qui protégeaient le monde, étaient bons tandis que les Decepticons, qui voulaient le détruire, étaient mauvais ; ils s'affrontaient dans des combats mortels. Les robots devenaient des véhicules motorisés et les véhicules motorisés des robots. Ce phénomène de transformation – devenir quelqu'un d'autre par magie – me fascinait.

Quand je jouais au piano, je devenais bien plus qu'un simple petit garçon. Comme le Roi Singe, les Transformers ou Tom et Jerry, le piano m'emmenait vers un autre monde, un monde où j'étais plus heureux. Je devenais un personnage semblable au Roi Singe, une puissance éternellement invincible. Je m'imaginais survolant le globe dans un des avions basés à l'armée de l'air, muni de revolvers pour neutraliser mes ennemis. Vivre dans un camp militaire me plaisait : les engins m'excitaient, les avions surtout. Leur vol était un mystère et ils étaient le moyen de transport le plus exaltant car le plus rapide. Au début d'un nouveau morceau au piano, je m'imaginais soulevé de terre et emporté au loin.

Même si j'avais peu de temps à leur consacrer, je n'abandonnai jamais complètement Tom et Jerry, le Roi Singe et les Transformers : je les intégrais dans les rythmes et les mouvements dramatiques des morceaux que je jouais. Beethoven n'avait pas de Transformers en tête quand il composait, mais qui s'en souciait ? Qui comprenait même que Beethoven était un Européen mort depuis longtemps ? À mes yeux, il avait écrit un scénario pour un film de robots et de monstres, avec des armes antiaériennes et des sous-marins nucléaires. De la même façon, le Roi Singe m'aidait pour jouer du Mozart, dont la musique ressemble presque à des petits drames ; après quelques mesures apparaît toujours un nouveau personnage, chacun d'un âge, d'une nationalité ou d'un caractère différents. Puisque le Roi Singe se transformait perpétuellement, c'était toujours lui qui m'apparaissait dans les compositions de Mozart.

Ainsi, avec l'aide du Roi Singe et une distribution toujours plus vaste de personnages et d'équipement militaire, je progressais au piano à pas de géant. Je n'aimais pas faire des gammes ni m'atteler à un cahier d'exercices, mais je le faisais parce que je comprenais que pour jouer les morceaux que j'aimais – pour pouvoir courir sur les touches comme Tom pourchassant Jerry – la pratique était indispensable. Ma mère m'aidait en découpant des étoiles dorées : quand je réussissais à exécuter un morceau particulièrement difficile, elle me donnait une étoile. Au bout de cinq étoiles, elle m'offrait un jouet. Mon instinct me disait que jouer était jouer, que ce soit avec des Transformers ou des morceaux composés par des musiciens aux noms imprononçables.

6. Terrain de compétition

« Numéro un » était une expression que mon père – et par conséquent ma mère – répétait à satiété, que les amis de mes parents et les enfants d'amis de mes parents utilisaient aussi. Chaque fois que les adultes s'entretenaient au sujet de grands peintres ou de grands sculpteurs d'anciennes dynasties, il y avait toujours un artiste qui sortait numéro un. Il y avait le technicien numéro un, l'ouvrier numéro un, le scientifique numéro un, le mécanicien numéro un. Dans la culture de mon enfance, être le meilleur était ce qui comptait le plus. C'était le but qui nous guidait, la motivation qui donnait un sens à notre vie. Et si par un caprice du destin ou la générosité de bonnes fées vous aviez la chance d'avoir du talent, être numéro un devenait alors votre mantra. C'était le mien. Jamais je n'ai imploré mes parents de relâcher leur pression – je l'ai acceptée et j'y ai même pris goût. Cette compétition entre pianistes était un jeu pour moi et, malgré ma timidité, j'étais confiant, même quand j'avais cinq ans et que je devais affronter quantité de rivaux.

La volonté de gagner était en moi et elle l'est toujours.

Elle a donné forme aux rêves de mes nuits et guidé la discipline de mes jours.

— Ce n'est pas qu'une aspiration, disait mon père. Ce n'est pas un idéal ou une simple prière. Être numéro un est un but réaliste qu'on peut atteindre par l'effort. Tu peux avoir un rival qui a plus de talent que toi. Tu n'as aucun pouvoir là-dessus, bien qu'à mon sens tu aies tout le talent et la créativité nécessaires. En revanche, tu peux contrôler ta quantité de travail et t'assurer de travailler plus que les autres.

Ce n'est que bien plus tard que je compris l'origine de la motivation de mon père.

Mon père est né le 5 mars 1953. À cette époque, le patriotisme impliquait une dévotion sans limites au travail et au progrès économique. Mon père fut baptisé Lang Guoren car ce nom (*guo* signifie « nation » et *ren* signifie « devoir ») suggérait « devoir envers la patrie ». Une dévotion sans limites à ma carrière devint pour mon père un devoir solennel.

Mon arrière-grand-père était un enseignant réputé et le fondateur d'une école au nord-est de la Chine. Son fils, mon grand-père, devint comptable et professeur de musique ; il jouait de nombreux instruments mais était plus particulièrement doué pour l'harmonica. Ma grand-mère était également une femme éduquée et devint directrice d'un syndicat. Jeune couple doté de cinq enfants, ils durent affronter les difficultés économiques qui frappaient le pays. La nourriture était rare. Des catastrophes naturelles, dont une inondation dévastatrice, menacèrent leur existence. Mais ils parvinrent à tenir bon.

Mon grand-père enseigna la musique à mon père, exactement comme mon père le fit avec moi. Et de la même façon que mon père avait vu sa carrière de musicien déçue, son père n'avait pas connu plus de succès. Bien qu'excellant dans le travail qu'il avait trouvé en usine, il eut également à souffrir de la Révolution culturelle.

Un jour, mon grand-père ne rentra pas à la maison après son travail. Le matin suivant, papa et son frère, très inquiets, se rendirent à la fabrique où leur père avait bénéficié d'états de service impeccables et eurent la surprise de trouver sur les murs des affiches le dénonçant. Il avait été emmené. Pendant de longues semaines, papa vécut dans l'angoisse que son père ne revienne pas.

Environ un mois plus tard, mon grand-père réapparut. Papa et toute la famille étaient soulagés de son retour et soulagés aussi de ne pas être envoyés dans une ferme, mais ils furent surveillés de près car l'un des frères de mon grand-père, dont la famille émigra plus tard aux États-Unis, était un nationaliste et avait fui à Taipei. Il suffisait qu'un seul membre de la famille ait quitté la Chine communiste pour raisons politiques pour que toute la famille subisse une grande pression. Quand les restrictions furent levées, mon grand-père était trop vieux pour saisir les opportunités de ce nouveau monde ; papa, en revanche, ne l'était pas. Encore jeune et possédant un grand talent pour la musique, il eut le sentiment qu'il devait remporter chaque bataille et ne jamais être moins que numéro un.

De ce point de vue, le cœur de mon père et le mien battaient à l'unisson, et quand je participai à ma première compétition, à l'âge de cinq ans, nous étions aussi déterminés l'un que l'autre à atteindre la victoire.

— Tu étais programmé pour gagner, me dit le professeur Zhu des années plus tard. Je craignais qu'il fût trop tôt pour que tu entres en compétition. Je voyais la tension qui montait en toi et je n'aimais pas cela. Tu n'avais que cinq ans ! Mais ton père insistait et, à ta façon, tu insistais aussi. Tu te serais fait écraser si je ne t'avais pas préparé pour la victoire.

C'était aussi une compétition féroce. Plus de cinq cents enfants, plus âgés que moi pour la plupart, avaient déjà soumis leurs candidatures au moment où je posai la mienne. Le professeur Zhu m'avait donné une variation de Kabalevsky, compositeur russe, un morceau destiné à impressionner le jury, et ce défi me stimula. C'était difficile mais je sentais que je pouvais y arriver. Pourtant, quand je le jouai pour la première fois devant mon professeur, je perdis pied.

— Lang Lang, dit-elle, si tu joues le morceau de cette façon devant le jury, tu ne passeras pas le premier tour.

À ces mots, les larmes se mirent à couler sur mes joues. Dans mon esprit, j'avais déjà perdu.

— Mais ne te décourage pas, ajouta-t-elle. Je vais te montrer tes erreurs et comment les éviter.

Aussitôt, mon visage s'éclaira et je cessai de pleurer.

— Montrez-moi, dis-je. Je vous en prie, montrez-moi tout de suite, professeur.

C'était une question de tempo, de relaxation et d'approche plus musicale du morceau. J'allais devoir travailler avec acharnement, mais j'étais transporté d'avoir trouvé une solution à mon problème. Je m'entraînai deux fois plus. Je conquis la variation Kabalevsky, une composition qui aurait représenté un défi même pour quelqu'un qui aurait eu trois fois mon âge. À cinq ans, je participai à ma première compétition officielle, la Compétition de piano des enfants de Shenyang, un immense concours pour tous les élèves de piano de moins de dix ans. J'arrivai premier. Après quoi je donnai mon premier récital. En 1987, la Chine ignorait encore la manière de mettre en scène les morceaux occidentaux ; j'étais costumé dans le style de l'Opéra de Pékin, avec le visage rouge et les yeux très maquillés. On aurait dit un petit chat. J'adorais être sur scène et sentir sur moi la chaleur des projecteurs et les applaudissements passionnés du public. Sur scène, j'avais l'impression d'être chez moi. C'est à cet instant que je décidai de devenir pianiste.

7. Numéro un

Ayant été très solitaire dans ma petite enfance, j'avais donné libre cours à mon imagination. À présent que j'avais gagné ma première compétition et que j'avais décidé de devenir pianiste, je ne voulais plus aller à l'école. Je n'aimais ni les classes ni les instituteurs du jardin d'enfants. Quand je voulais partir plus tôt pour travailler mon piano, on ne me laissait pas faire. On ne me comprenait pas. J'étais un petit garçon timide qui ne se sentait pas à l'aise en dehors de chez lui, mais il était exclu que je reste seul à la maison. Papa et maman travaillaient tous deux. Après son long congé maternité – à cette époque, on vous octroyait cent jours rémunérés –, ma mère avait repris son emploi de standardiste. Heureusement, mon arrière-grand-mère de soixante-dix-huit ans vint s'installer chez nous et s'occupa de moi pendant trois ans. Après son départ, j'étais convaincu de pouvoir rester seul et il me vint donc une idée.

— Trouve un magnétophone, proposai-je à mon père, et mets-le en marche quand maman et toi partez le matin. Je travaillerai toute la journée. Quand vous rentrerez, vous pourrez vérifier que j'ai tenu ma promesse.

L'idée plut à papa car cela me faisait travailler mon piano, et à moi aussi car cela me permettait d'éviter l'école. Au piano, même si je m'attaquais à des morceaux injouables comme ceux de Czerny, qu'on eût dits inventés pour rendre les pianistes fous, je ne me sentais jamais aussi balourd qu'en classe. Les horaires flexibles de maman lui permettaient de rentrer à la maison de loin en loin pour me surveiller. Quand elle le faisait, j'étais toujours au piano, pratiquement ancré à lui. Malgré ma solitude pendant la journée, je n'avais jamais peur. Assis sur mon tabouret, à la conquête de morceaux difficiles, je maîtrisais la situation et me sentais en complète sécurité. Après tout, j'étais sur une base militaire gardée. Que pouvait-il m'arriver ?

Cependant, en raison de ces longs moments que je passais seul, ma timidité naturelle s'accentua. Quand il fut temps d'aller à l'école primaire et que je ne pus plus rester à la maison, l'idée de retourner en classe me terrifiait. Je me sentais si mal à l'aise avec les autres enfants que je préférais rester seul ; c'est pourquoi j'aimais tant rentrer à la maison à l'heure du déjeuner pour pratiquer le piano. Mon père m'avait programmé un emploi du temps quotidien qui ne me laissait guère de temps de loisir.

5 h 45 : réveil et pratique du piano pendant une heure.

École à 7 heures.

Déjeuner à la maison : quinze minutes pour manger ; quarante-cinq minutes pour pratiquer.

Après l'école, deux heures de pratique avant le dîner.

Dîner : vingt minutes durant lesquelles je pouvais regarder des dessins animés.

Deux heures de pratique après le dîner.

Devoirs de classe.

Dès qu'il s'agissait du piano, mon père était obnubilé par le résultat. Le seul moment où il se détendait était quand il jouait du erhu. Alors, quelque chose en lui changeait. Il semblait différent. Il se perdait dans la tristesse obsédante de sa musique, comme s'il cherchait quelque chose d'introuvable. Mon père faisait pleurer le erhu.

Quand j'entendais papa jouer, je fermais les yeux. Si je pensais à Tom et Jerry, je les voyais pleurer aussi. Peut-être qu'ils étaient perdus et qu'ils ne retrouvaient pas leur chemin pour rentrer chez eux. Peut-être que leurs mères étaient mortes. Quand je jouais, je racontais toujours des histoires gaies, tandis que mon père en racontait des tristes. J'aurais voulu en savoir davantage sur son histoire, mais le mystère de sa tristesse restait caché dans les notes. À la différence de ma mère, mon père ne parlait que très peu de lui.

Je me consolais avec les histoires du Roi Singe et des Transformers, de Tom et Jerry ou de Donald et Daisy Duck, et avec les bandes dessinées en couleurs remplies d'explosions, de poursuites et de monstres fabuleux. Il y avait aussi les histoires de la musique, celles que je me forgeais en travaillant mon piano avec mon père ou mon professeur. Et il y avait aussi les histoires des compositeurs. Je n'arrivais pas à concevoir qu'ils aient pu vivre longtemps auparavant dans des pays dont les langues m'étaient inconnues. Quand mon père ou le professeur m'expliquaient que ces hommes étaient morts, cela me plongeait dans la plus grande des confusions.

La première question que je posai à mon père fut :

— De tous les compositeurs, lequel est le numéro un ?

— Mozart, répondit-il aussitôt. Mozart est le numéro un car c'est lui qui a écrit le plus et qui a composé les meilleurs morceaux. Il a commencé à composer dès l'âge de trois ans. C'était un véritable génie qui a créé des chefs-d'œuvre dans toutes les formes de musique. Il a écrit des concertos, des symphonies et des opéras. Il a composé les plus belles mélodies et les rythmes les plus émouvants. Il était doté d'une imagination débordante et a inventé les harmonies les plus délicieuses. Il a écrit pour les princes et les rois. Ayant commencé à jouer quand il était à peine plus qu'un bébé, son père veillait sur lui et diffusait sa musique dans le monde. Il était presque aussi célèbre que son fils. Mozart, sans son père, ne serait jamais devenu célèbre. Ensemble, ils ont atteint l'immortalité.

De toute évidence, mon père s'identifiait au père de Mozart.

Il m'expliqua quelque chose sur les dessous de la cour d'Autriche lors de la journée Mozart. Je ne suis pas sûr d'avoir tout compris, mais quand je jouais Mozart, j'avais une image de lui et de son comportement. Je le voyais comme un personnage de dessin animé aimant courir et sauter. Il poursuivait ses amis sur un terrain de jeux et ses amis le poursuivaient. À la différence de Shenyang, froide et polluée, la Vienne de mon imagination était dorée et Mozart était un *golden boy* qui passait sa vie à danser, d'une fête d'anniversaire à l'autre.

Bach était différent. C'était le musicien préféré du professeur Zhu et elle le jouait magnifiquement. Elle m'enseigna ses morceaux dès le tout début et la puissance de sa musique me touchait profondément. J'eus la chance de rencontrer Bach très tôt, car il est le fondement de la musique ; en apprenant Bach, vous apprenez la musique. Ses lignes mélodiques et vocales complexes vous font comprendre la structure de la musique. Quand je me représentais Bach, il était toujours au ciel, dialoguant avec Dieu, et bien qu'il fût sombre, leurs échanges produisaient la musique la plus éthérée et la plus sublime possible.

J'imaginais Chopin comme un bel homme, une star de cinéma, en perpétuelle quête d'un amour qu'il ne trouvait jamais. Je le voyais pleurer, assis à son piano, tandis qu'il composait ses mélodies poignantes.

Beethoven faisait aussi partie de mes héros. Il était aussi sérieux que mon père. Ni mon père ni Beethoven ne souriaient jamais ; ils n'avaient ni le temps ni la patience de s'amuser, de plaisanter ou de regarder des dessins animés. Il y avait de la musique à écrire et à apprendre, et la musique était une question de vie ou de mort. Pour Beethoven, la musique était grandiose. Mon père et Beethoven accordaient plus d'importance à la musique qu'aux gens.

Je suis tombé amoureux de Tchaïkovski quand mes parents m'ont emmené voir le *Lac des cygnes* interprété par une compagnie de ballet russe, et cet amour ne connut plus de limites quand j'entendis son *Concerto pour piano nº 1*. Naturellement, j'étais bien trop jeune pour l'identifier comme tel mais la sensibilité de son âme russe trouvait un écho dans mon imagination. Je le voyais vivant seul dans une grande maison, pleurant et écrivant, écrivant et pleurant. La sublime mélancolie de la musique russe avait touché mon cœur, tout comme l'incroyable cirque que j'avais vu, venu depuis l'Union soviétique jusqu'en Chine. J'avais été élevé dans le respect des arts russes sous toutes leurs formes.

Quand je vis Elvis Presley à la télévision, je pensai à Liszt. Liszt était une rock star – il était sauvage et les femmes se pâmaient devant lui. Dans mon imagination, il faisait des courses de moto et volait en avion plus vite que la lumière. Liszt et le Roi Singe auraient fait un sacré duo. Contrairement aux autres, il ne mourut pas jeune. Il trouva une manière de poursuivre son histoire, passant d'une aventure exaltante à une autre.

J'inventais des aventures pour tous les compositeurs, tout comme le Roi Singe en avait inventé pour moi. Pourtant, en dépit de mon imagination fertile et de l'agilité de mes doigts, en dépit de mon ardeur à apprendre la musique et à apprivoiser des morceaux toujours plus difficiles, je restais terriblement timide à l'école. Je me sentais différent – je l'étais incontestablement. Hormis ceux des baraquements dont les parents étaient eux-mêmes musiciens, les enfants me considéraient comme un excentrique. Je n'étais pas très sociable, je m'exprimais avec maladresse. Parfois, quand je me sentais trop mal à l'aise avec mes camarades, je fermais les yeux pour entendre la musique dans ma tête. Mon désir secret était d'échapper à l'école pour le restant de ma vie.

Puis arriva Mlle Feng.

Elle était différente. Elle était jeune – elle n'avait probablement pas plus de vingt-six ou vingt-sept ans – et jolie. Elle ne souscrivait pas aux méthodes chinoises traditionnelles d'enseignement : elle n'était ni stricte, ni sévère, ni indifférente. Elle était douce et s'intéressait à chacun d'entre nous, et me sauva grâce à sa gentillesse. Comme le professeur Zhu, elle arriva au bon moment dans ma vie. Mlle Feng réussit le miracle de transformer un garçon de six ans et demi complètement introverti en une personne extravertie. Elle s'aperçut que sous mes airs de timide, je ne l'étais pas du tout. En fait, j'aimais les gens et Mlle Feng fit apparaître au grand jour cette facette de ma personnalité.

— Lang Lang, disait-elle, tu ne dois pas avoir peur de donner tes réponses à voix haute. Tu as un cerveau bien fait et une bonne voix. Tu dois dire ce que tu sais.

À cette époque, je ne voulais m'exprimer que par la

musique. J'étais terrorisé par le jugement des autres enfants.

— Tu es un garçon intelligent, Lang Lang, me disait Mlle Feng. Fais-en profiter les autres.

— Je préfère ne rien dire, répondais-je.

— Je ne te laisse pas le choix. Quand je poserai une question, tu viendras devant, tu te mettras face à la classe et tu répondras. Tu seras mal à l'aise au début, mais tu t'y habitueras. Tu te débrouilleras très bien.

Elle avait vu juste. En m'obligeant à parler haut, elle me démontra que je n'avais rien à craindre. Je connaissais beaucoup de réponses, j'étais capable de les mettre en forme et mes camarades étaient contents de m'entendre. Plus je le faisais et plus je me sentais à l'aise. Si je pouvais jouer au piano, je pouvais tout aussi bien m'exprimer en public.

Mlle Feng avait une méthode d'avancement en trois grades pour les élèves : si elle vous donnait un galon, vous étiez le capitaine d'une petite équipe ; deux galons, vous aviez la charge d'une division (musique, maths, science ou écriture) ; trois galons, vous étiez le chef de classe. J'obtins avec fierté deux galons sur ma manche au titre de responsable de la musique. J'accompagnais notre classe au chant, je choisissais les chants et donnais des spectacles pour l'école. Alors que les autres enseignants désapprouvaient que je parte plus tôt pour m'entraîner, Mlle Feng m'y encourageait.

Elle avait un goût très vif pour la culture chinoise et nous fit lire des poèmes de la dynastie Tang, qui avait duré de l'an 618 à l'an 904, une époque glorieuse de notre histoire appelée l'Âge d'or, l'époque de création du Roi Singe. Elle nous fit aussi apprendre des poèmes de la dynastie Song, qui dura de l'an 960 à l'an 1279, des vers qui évoquaient l'absence et la nostalgie. Les rythmes de ces poèmes étaient pour moi semblables à de la musique. Ils possédaient le même pouvoir d'élévation et d'inspiration.

— Chacun a un talent, disait Mlle Feng. Il suffit de découvrir lequel est le vôtre.

Elle distribuait des étoiles dorées supplémentaires à tout enfant qui lui apportait une peinture, un poème ou quelque chose de particulier. Si vous pouviez courir vite ou que vous étiez un bon gymnaste, vous étiez récompensé de la même façon. Mlle Feng n'avait pas de favoris ; chaque élève bénéficiait de son attention et de son affection. Et j'avais désespérément besoin des deux.

8. Le chien jaune

Quand mon père fut engagé par le département de police de Shenyang comme officier chargé de la section des divertissements de la ville, il quitta son emploi à l'orchestre de l'armée de l'air ; j'avais alors environ six ans et demi. Il était responsable de la surveillance contre la corruption et le vice et était sans aucun doute la bonne personne pour un tel poste : il était honnête, solide et n'avait peur de personne. Ce nouveau travail lui valut une nouvelle moto et un uniforme épatant. J'étais fier de lui mais la peur qu'il m'inspirait était toujours présente, peut-être encore davantage en raison de cet uniforme. Il ne plaisantait jamais, ni ne souriait jamais et n'avait qu'un mot à la bouche : « Travaille. » Pour tout ce qui concernait la musique, il me regardait avec un œil d'aigle, en policier prêt à sévir à la moindre incartade.

Nous avions quitté les baraquements pour un petit appartement. Ma mère, qui travaillait toujours comme standardiste, veillait à ce qu'il y ait toujours chez nous des plantes, des fleurs et que nos murs soient décorés de gravures. J'avais aussi mon piano sur lequel je m'exerçais si souvent et avec tant d'ardeur qu'il m'arrivait souvent d'en casser les pédales et les cordes. Cela ajoutait un défi supplémentaire au fait de jouer, mais à cette époque, les défis étaient ma raison de vivre.

— Les défis sont faits pour qu'on les relève, avait coutume de dire mon grand-père maternel.

Mon arrière-grand-mère et mes grands-parents ont joué un rôle essentiel dans mon bonheur car ils m'aimaient sans limites et sans conditions. En Chine, on nous enseigne le respect des ancêtres. Bien que je n'aie pas reçu une instruction spécifiquement bouddhiste dans sa version chinoise, je me revois encore, debout devant un temple sacré, formant des vœux et faisant brûler des bâtonnets et des simulacres d'argent appelés *ming jie* sur lesquels nous avions inscrit les noms des morts de notre famille afin d'honorer leurs esprits. On m'avait éduqué dans le devoir de chérir ces esprits et j'ai toujours considéré mes grands-parents du même point de vue, comme des esprits qui vous communiquaient amour et sagesse.

— C'est de là que vient ton amour de la musique, me dit un jour mon grand-père en désignant le poste de télévision où nous regardions une représentation de l'Opéra de Pékin.

Cet opéra était spectaculaire : des voix hautes, bouleversantes, magiques, des costumes extravagants, une gestuelle acrobatique, de l'escrime et des arts martiaux prodigieux. L'histoire, qui était compliquée et relative aux dynasties passées ainsi qu'à toutes sortes de drames amoureux, était chantée dans un dialecte local que nous ne comprenions que grâce aux sous-titres, et grand-père faisait de son mieux pour me l'expliquer. Il me tenait dans ses bras pendant que nous le regardions ensemble et nous étions captivés.

— Tu remarques à quel point la musique s'accorde avec l'histoire ? me demanda-t-il.

J'entendais les voix haut perchées bondissant, plongeant, montant à nouveau. Cela ressemblait à la langue chinoise, mais dans une tonalité beaucoup plus dramatique.

— Entends-tu comme l'histoire guide la musique et comme la musique guide l'histoire ?

— Oui, grand-père, j'entends tout.

Écouter de la musique avec mon grand-père me donnait le sentiment que je pouvais relever tous les défis et que je n'allais pas décevoir mon père.

Quelque temps après notre déménagement, le professeur Zhu et mon père m'accompagnèrent à une série de master classes dispensées par des pianistes américains de l'École de musique d'Eastman, de passage à Shenyang. Douze artistes différents, douze cours différents. J'assistai à chacun d'eux. C'était la première fois que je voyais et que j'entendais des Occidentaux jouer de la musique classique occidentale, bien qu'un mois après le début des leçons avec le professeur Zhu, nous ayons regardé ensemble à la télévision le grand Vladimir Horowitz jouer en concert à Moscou (son premier retour dans son pays natal après soixante années d'absence). C'était aussi la première fois que j'entendais du jazz. L'auditeur moyen de ces cours avait au moins dix ans de plus que moi, mais cela m'était égal. J'étais assis et j'écoutais, absorbant les émotions intenses que chaque pianiste mettait dans son morceau. Je sentais la joie de Haydn, le lyrisme de Schubert, l'intense émotion de Brahms. Quand l'un des pianistes déclara à l'assistance : « Souvenez-vous, il est facile d'être pianiste, il suffit de savoir bouger ses doigts. Mais pour être un grand pianiste, il faut jouer avec son âme. », j'inscrivis ces mots sur une feuille. J'étais si enthousiasmé par l'événement qu'à la fin, je demandai des autographes aux artistes. Le traducteur chinois m'arrêta.

— Laissez les artistes tranquilles ! ordonna-t-il sèchement. Ils ne veulent pas être dérangés !

Cependant, un pianiste américain s'avança poliment vers moi, me fit un grand sourire et me donna un autographe.

Lorsque je regarde en arrière, je vois un enfant très aimé, adoré même, par sa mère, ses grands-parents, ses oncles et ses tantes. J'avais de bonnes manières, j'étais timide, de comportement agréable, enthousiaste et curieux de tout ce qui m'entourait. Et pourtant, j'étais déjà endoctriné par la férocité du système compétitif chinois : musiciens, peintres, mathématiciens, quiconque présentait des signes de talent était virtuellement classé. Rien ne m'exaltait davantage que de voir à la télé l'équipe chinoise de football mettre un but dans le filet adverse. Quand je gagnai ma première compétition à l'âge de cinq ans et que je m'entendis dire, pour la première fois de ma vie, que j'étais numéro un, je me sentis invincible : j'étais le tireur qui avait marqué le point. Maintenant, deux ans plus tard, je voulais encore gagner. Rien ne pouvait m'arrêter. Gagner était mon destin. Pour le meilleur et pour le pire, c'était ma nature.

J'étais donc très excité, à l'âge de sept ans, non seulement de me lancer dans une deuxième compétition, mais aussi de prendre le train et de voyager de Shenyang à Taiyuan pour y participer ; c'était mon premier voyage hors de Shenyang. Mon père et moi avons d'abord pris un train de nuit pour Pékin où nous avons retrouvé les autres participants et où nous avons passé une merveilleuse journée à visiter la Grande Muraille, puis nous avons passé une autre nuit dans le train jusqu'à Taiyuan, une ville opulente aujourd'hui mais sombre et sale à l'époque. Pendant le trajet, mon père évoqua les merveilleuses possibilités qui s'offraient à nous.

— Le troisième prix est un poste de télé, me dit-il, mais nous n'en avons pas besoin, n'est-ce pas ?

— Non, nous en avons déjà un.

— Tout le monde a un poste de télé. Le deuxième prix est un piano électronique, mais il produit un son artificiel qui fausserait ton diapason. Les pianos électroniques ont une tonalité entièrement différente des vrais pianos et cela t'entraînerait dans une mauvaise direction. Tu ne veux donc pas un de ceux-là, n'est-ce pas Lang Lang ?

— Non, répondis-je.

— Par contre, le premier prix est un bon prix. Le premier prix est le seul que tu voudrais bien obtenir.

— Qu'est-ce que c'est ? demandai-je.

— Un nouveau piano. Un *vrai* piano tout neuf.

Bien sûr, mon père avait raison. Le piano que nous avions ne me satisfaisait pas. Mes parents avaient dépensé cinq cents dollars pour l'acheter, ce qui représentait alors la moitié de leur salaire annuel ; c'était pourtant un instrument médiocre et bon marché dont les pédales et les touches étaient abîmées. Je l'avais tant utilisé qu'il était en fin de vie. L'idée d'avoir un nouveau piano me transportait de joie. Je voyais ses touches lisses, son aspect lustré. Ainsi en était-il : j'étais un enfant en mission. Je ne pouvais laisser le succès me filer entre les doigts.

Est-il possible à sept ans d'être si déterminé ? Sans aucun doute, je l'étais. Mon père m'assurait que la victoire était pour moi et il m'avait communiqué sa confiance. Il me donna un mot d'encouragement avant que je monte sur scène. Je m'inclinai devant le jury et commençai à jouer.

J'avais préparé un morceau de Mozart, un de Czerny,

un de Bach et un morceau chinois intitulé *La Brillante Étoile rouge*, ce qui, en raison de ma détermination à briller, était de circonstance.

Je jouai avec une telle ferveur, une telle virtuosité et des sentiments si généreux, que j'étais certain de gagner. J'entendais jouer les autres mais j'étais tellement accaparé par ma propre prestation que je pensai que leur jeu n'égalait pas le mien. Je voyais déjà le nouveau piano trônant dans notre appartement de Shenyang, je me voyais assis sur le tabouret, le trophée de la première place posé sur l'instrument.

Au moment où l'on annonça les gagnants, mon père et moi étions assis au fond de l'auditorium. Dans la salle, la tension était à son comble. La troisième place revint à une fille, ce qui fut déjà un grand soulagement. Si j'avais gagné la troisième place, je me serais coltiné la télé inutile. Quand le juge annonça : « Le prix de deuxième place revient à… », je me collai les mains sur les oreilles en priant pour ne pas entendre mon nom. Le son métallique du piano électronique n'avait rien à faire chez nous. On nomma un autre garçon et je me tins droit sur mon siège, en suspens pour bondir sur scène afin de recevoir le premier prix et les chaleureux applaudissements de la foule.

— Le premier prix, dit le juge en chef, revient à…

Qui ?

D'abord, j'ai pensé que l'homme avait simplement fait une erreur de prononciation. Mais non. Il avait proclamé un nom complètement différent, le nom d'un garçon qui, clairement, n'était pas moi.

Je n'étais pas numéro un. En fait, je n'étais ni numéro quatre, ni cinq, ni même six. J'arrivais péniblement en septième position. C'était incompréhensible. Je commençai à pleurer et me précipitai vers le jury en hurlant : « C'est injuste ! Vous m'avez roulé ! »

Mon père dut me contenir. Une fille qui avait, elle aussi, été mal placée me mit la main sur l'épaule et me dit :

— Ce n'est pas grave, nous avons un prix de consolation.

Le prix de consolation était un chien jaune en peluche.

Je repoussai brutalement sa main.

— Tu as mal joué, pas moi. J'aurais dû gagner.

Je voyais bien que j'étais cruel, mais la douleur d'avoir perdu noyait toute sympathie que j'aurais pu ressentir pour elle. J'étais un mauvais perdant et encore aujourd'hui, j'ai honte de la façon dont je me suis conduit.

Je regardai le jouet et lui lançai un coup de pied. Je ne voulais pas d'un prix de consolation. Je ne pouvais ni ne voulais être consolé. Mais papa m'obligea à le récupérer et je dus le garder sur les genoux dans le train qui nous ramenait, assis en silence, à Shenyang. Le chien semblait se moquer de moi ; il ne pouvait ni aboyer, ni geindre. Il se contentait de me regarder sans expression, me rappelant l'instant dévastateur où j'avais vu quelqu'un d'autre recevoir mon piano flambant neuf.

Le professeur Zhu comprit à quel point j'étais bouleversé d'avoir perdu le concours et essaya de me donner des perspectives :

— Tu as en toi un magnifique désir de gagner, dit-elle, qui t'aide à travailler quand les nuits sont froides et les journées chaudes. Mais tu ne gagneras pas toujours. Personne ne le peut. Tu gagneras souvent et ces victoires seront délicieuses. Elles te réjouiront. Néanmoins, tu dois savoir que la vie d'un artiste est remplie de déceptions ; elles sont inévitables. Que nous les aimions ou pas, nous devons vivre avec.

— Le jury a été injuste, ai-je protesté.

— Nous ne pouvons contrôler les décisions d'un jury. C'est vrai, certains jurys sont injustes. Certains ont des préjugés. Certains même n'ont pas une bonne oreille ou ont mauvais goût. Mais tu verras que la plupart sont justes. Bien que les juges, comme les professeurs, ne soient pas parfaits, la plupart reconnaissent le talent. Il nous arrive à tous de faire des erreurs. Et à certains moments, nous sommes tous amenés à tomber sur des artistes qui, en raison d'une plus grande expérience ou de plus de préparation, joueront mieux que nous. C'est un fait que nous devons affronter. Si tu t'effondres après chaque concours que tu n'auras pas gagné, la préparation du suivant sera d'autant plus difficile. Tu es encore un enfant et je sais que les déceptions sont dures à vivre pour les enfants. Pourtant, en tant qu'artiste, tu es aussi un petit homme. À ce titre, tu dois apprendre à faire face à la réalité. Tu dois sécher tes larmes, quelle que soit ta peine, et te renforcer d'autant.

Le professeur Zhu essuya mes larmes et m'embrassa sur les joues. À cet instant, je l'aimais de tout mon cœur.

Après cet échec, je travaillai plus que jamais. Je plaçai le chien jaune à côté des pédales cassées de mon vieux piano et chaque fois que je faisais une fausse note, je donnais un coup de pied au chien et je l'insultais. Il était devenu ma tête de Turc, souffrant pour mes insuffisances que je n'acceptais pas. En dépit des paroles de sagesse du professeur Zhu, j'étais déterminé à ne plus jamais perdre un concours. Si cela signifiait travailler davantage ou m'exercer toute la nuit, qu'à cela ne tienne.

Un jour, je travaillais une sonate de Mozart en tentant de négocier un passage particulièrement difficile depuis plusieurs minutes tout en torturant le chien, comme toujours quand je m'embrouillais. Cependant, je me sentis soudain submergé par une vague de relaxation, sans savoir d'où elle venait. Au moment où j'éprouvais une surtension, je fus envahi par un sentiment de reddition et, miraculeusement, je me mis à jouer le morceau sans effort, avec fluidité ; je baissai les yeux sur le chien et, pour la première fois, vis un sourire sur son visage. Il avait toujours été là mais je ne l'avais jamais remarqué.

Je n'avais pas compris ce chien jaune. Il n'était pas là pour me tourmenter ou pour me rappeler ma défaite, mais au contraire comme source d'inspiration, pour m'aider. Ce jour-là, il perdit son statut de victime pour devenir mon ami. En outre, j'avais adopté un mantra durant mes entraînements. C'était les deux mots qui ne quittaient pas ma conscience, du moins pas tant que je jouais, répétés à voix basse ou en silence :

Numéro un, numéro un, numéro un.

9. Départ du foyer

— Tu as l'air fatigué, mon chéri, me dit ma mère un soir, après que j'eus travaillé pendant un long moment.

Nous avions dîné à 18 heures et il était à présent 20 heures. Mon père était au travail et maman et moi étions seuls.

— Si tu t'arrêtais et que tu venais t'asseoir près de moi ? proposa-t-elle.

Rien ne pouvait me faire plus plaisir. Mes yeux de garçonnet de huit ans étaient brouillés, mes mains me faisaient mal, les notes sonnaient encore à mes oreilles.

— Le professeur Zhu dit que tu fais des prouesses et que tu progresses plus vite que tous les élèves qu'elle a jamais eus, dit ma mère.

— Pas encore assez vite, répondis-je.

— Mais si. Pourtant, elle se fait du souci pour toi.

— À quel sujet ? demandai-je.

— Elle pense que les ressources musicales sont limitées à Shenyang et que tu pourrais faire beaucoup mieux à Pékin. Tous les grands professeurs s'y trouvent.

— Le professeur Zhu est un grand professeur. Je ne veux personne d'autre.

— Elle est assurément un grand professeur, approuva ma mère. Mais ce qui fait sa grandeur – et son originalité – est qu'elle fait passer au premier plan l'intérêt de ses élèves. La plupart des enseignants ne pourraient même pas imaginer abandonner un lauréat comme toi. Un tel élève fait la réputation d'un professeur, et peut aussi faire sa fortune. Et pourtant, le professeur Zhu, à la différence de la plupart des instructeurs, n'accepte pas de cadeaux extravagants de la part des familles de ses élèves. Sa seule préoccupation est que les élèves réalisent leur potentiel. Et elle est convaincue que si tu veux te faire connaître au-delà de la Chine et avoir une renommée internationale, tu dois d'abord aller à Pékin.

— Est-ce que nous irions tous les trois : toi, papa et moi ?

Je ne voyais pas comment les plans du professeur Zhu pouvaient se réaliser.

— Nous en discutons avec ton père.

— Est-ce que je pourrais y aller rien qu'avec toi et que papa reste ici ?

— Nous devrons réfléchir à tout cela. En tout cas, il n'y a rien à craindre, m'assura maman. Ton père et moi te protégerons. Tu seras toujours ce qu'il y a de plus important pour nous. Nous ferons tous les sacrifices nécessaires pour ta carrière.

À cet instant, la porte s'ouvrit et mon père entra dans la pièce.

— Pourquoi êtes-vous assis sur le canapé ? demanda-t-il.

— Nous parlons, répondit maman.

— Il devrait être en train de travailler.

— Il a déjà travaillé deux heures, Lang Guoren, protesta ma mère.

— Nous nous étions mis d'accord sur trois heures, riposta mon père.

— J'allais faire la troisième heure, me défendis-je.

— Alors, arrête de bavarder avec ta mère et mets-toi au travail.

— Nous parlions d'une chose importante, répliquai-je.

— Rien n'est plus important que ton travail. Maintenant, cesse de discutailler et retourne à ton piano.

— Tu ne comprends pas ! m'entendis-je crier. Je veux parler à ma mère et ce n'est pas toi qui m'en empêcheras !

Sans doute avais-je été contrarié par l'idée d'un départ pour Pékin. Sans doute mon père avait-il eu une journée difficile. Mais quelles qu'en fussent les raisons, il se mit en rage, se précipita vers la boîte où je rangeais mes précieux Transformers et se mit à les jeter par la fenêtre. Je tentai de l'arrêter mais il me repoussa.

— Lang Guoren, plaida maman, il n'a rien fait qui justifie un tel comportement.

— Il s'est montré insolent.

— Ils sont à moi ! hurlai-je en agrippant mes jouets.

Mais plus je criais, plus mon père jetait les Transformers par la fenêtre, jusqu'à ce qu'ils se retrouvent tous dans la rue. Je me ruai en bas pour les récupérer mais ils étaient cassés. Sanglotant, je rassemblai les morceaux – bras, jambes, têtes – et les fourrai dans un sac en papier que je cachai sous mon lit. Puis, avec fureur, je m'entraînai non pas une heure mais deux, deux heures de travail navrant où je ne pensai pas à la musique mais seulement à mes Transformers.

Ma famille était dans les affres du changement et la forme que ce changement allait prendre n'était pas claire. Comme nous vivions dans un petit appartement, je surprenais facilement les conversations échauffées de mes parents, même s'ils parlaient doucement. C'était toujours à mon sujet.

— S'il doit devenir le numéro un dans le monde, disait mon père, nous devons aller dans la ville numéro un de la Chine. Pékin est la capitale. C'est une ville internationale. Le conservatoire de Pékin est le meilleur du pays. Il faut à Lang Lang ce qu'il y a de mieux.

— C'est ce que je lui ai expliqué, entendis-je ma mère répondre, mais il était inquiet. Il a peur de changer de professeur.

— S'il veut être numéro un, il faut qu'il s'en donne les moyens.

— Il veut que je vienne avec lui.

— Tu sais bien que c'est impossible, Zhou Xiulan. Nous avons besoin de ton salaire pour que lui et moi puissions vivre à Pékin. Je dois consacrer tout mon temps à veiller sur Lang Lang. Le conservatoire n'est pas facile, mais il faut d'abord qu'il soit admis, ce qui est encore le plus difficile. Tu n'imagines pas à quel point ces gosses et leurs parents sont compétitifs. Et il y a des barrages routiers partout. Pékin est une ville dangereuse. Notre fils a besoin d'un homme pour le protéger.

— Et tu quitterais ton travail dans la police ? Ce poste que tu as eu tant de mal à obtenir ?

— Il faudra bien.

— En as-tu parlé à tes parents et à tes supérieurs ?

— Oui.

— Et qu'ont-ils dit ?

— Ils pensent que je suis fou.

— Et cela ne t'ébranle pas ?

— Ils ne comprennent pas à quel point notre fils est doué. Ils le voient comme un petit garçon adorable qui se débrouille bien au piano. Ils ne comprennent pas que la compétition à Shenyang n'est pas suffisante pour lui.

Nous devons nous mesurer à Pékin et ensuite au monde entier.

— Cela lui brisera le cœur d'être séparé de sa mère.

— Cela lui brisera encore davantage le cœur de ne pas atteindre son but, répliqua papa. Son génie musical doit se développer. Tout le reste est accessoire.

— L'admission au conservatoire ne sera pas facile, Lang Guoren.

— C'est bien le problème. Il y aura deux mille candidats, venus de toute la Chine, concourant pour intégrer le cinquième niveau, dit mon père.

— Et combien seront admis ?

— Pas plus de quinze.

— Penses-tu que Lang Lang puisse y arriver ?

— Il y arrivera si nous allons à Pékin plusieurs mois avant le début des examens. Le professeur Zhu nous trouvera un bon professeur là-bas pour entraîner Lang Lang. Avec un effort soutenu, il obtiendra cette admission. Il faut qu'il y arrive.

— Il n'a jamais vécu sans moi, dit ma mère tristement.

— Il faudra bien qu'il s'y fasse. Il n'a pas le choix. Lang Lang est une petite vedette ici et c'est très sympathique. Mais je ne veux pas que mon fils soit un gros poisson tournant en rond dans une petite mare. Si nous restons ici, il va stagner.

— Je ne sais pas si je pourrai vivre sans mon fils.

— Tu viendras nous rendre visite.

— C'est à douze heures de train.

— Tu viendras tous les quelques mois.

— Ce ne sera pas suffisant.

— Nous verrons, Zhou Xiulan. Nous trouverons bien un moyen d'arranger tout cela. Comprends-tu ?

— Je comprends que nous devons nous sacrifier pour

notre fils. Mais vivre sans lui est un sacrifice que je n'avais jamais envisagé.

— Tu dois le faire pour son avenir.

Il y eut plusieurs secondes de silence. Et ma mère dit :

— Je le ferai.

II

LA CAPITALE

1. Fièvre

J'étais brûlant. Mon visage et mes bras étaient couverts de sueur. J'avais le vertige, le souffle court, mal au ventre.

— Nous ne partirons pas tant que tu ne seras pas rétabli, dit ma mère. Je resterai près de toi.

Mon père était déjà parti pour Pékin afin de trouver un logement bon marché. Ma mère était censée m'emmener là-bas et revenir à Shenyang, où son salaire permettrait à peine de subvenir aux besoins des deux foyers.

Maman tamponnait mon front avec un linge humide et me donnait des médicaments pour calmer la fièvre. Mais celle-ci persistait. Maman dormit à mes côtés pendant deux longues nuits où je fus agité par des cauchemars, me réveillant en sursaut, angoissé. J'étais pourchassé par d'horribles monstres sur des motocyclettes ; leurs bras étaient des serpents venimeux ; j'étais jeté d'un avion dans un lac de feu ; j'étais poursuivi dans une ville étrange par une horde de rats sauvages. J'avais beau courir à perdre haleine et appeler ma mère à grands cris, impossible de m'échapper.

Elle me serrait contre elle et murmurait :

— Ce ne sont que des rêves, mon enfant chéri. Rien de mal ne peut t'arriver. Ton père te protégera toujours.

— Mais c'est toi que je veux, et personne d'autre ! criai-je.

— Je serai là. Je viendrai te voir. Dans mes pensées et dans mon cœur, toi et moi, nous serons toujours ensemble.

Elle semblait tout autant chercher à se rassurer elle-même et je savais que sa peine était aussi grande que la mienne.

Puis la fièvre retomba.

Elle casa mes affaires dans deux valises, n'en prenant qu'une petite pour elle.

Dans le train pour Pékin, je me blottis contre elle.

— Tu te souviens de la fois où il faisait froid, il neigeait et le sol était gelé ; je n'avais pas le courage de pédaler sur ma bicyclette et tu m'as poussé dans la tempête ? Tu t'en souviens maman ?

— Bien sûr que je m'en souviens, mon cœur.

— Tu étais fâchée que je sois paresseux ?

— Tu n'étais pas paresseux, Lang Lang, tu étais fatigué.

— Le piano sera-t-il arrivé quand nous serons à Pékin ? demandai-je.

— Oui, c'est pour cela que ton père est parti avant nous. Il voulait s'assurer que tout serait en place. Tout se passera bien.

Mais tout ne se passa pas bien.

La gare de Pékin était dix fois plus grande que toutes les gares que j'avais jamais vues. Je m'accrochais à la robe de ma mère tandis que nous tentions, à la recherche de mon père, de nous frayer un chemin à travers la cohue qui se pressait autour de nous. Nous le cherchâmes pendant plusieurs minutes sans succès. À cet instant, je compris qu'en dépit de sa présence à Pékin, je serais irrémédiablement seul.

— Il y avait des embouteillages, expliqua-t-il quand il apparut finalement. Venez, je vous conduis à notre nouveau logement.

Il prit les bagages et nous guida jusqu'à l'arrêt du bus. Puis le bus arriva, rempli de gens parlant à toute vitesse avec d'étranges accents. Je ne comprenais pas un mot de ce qu'ils disaient. Personne ne souriait ni n'accordait la moindre attention à qui que ce soit d'autre que son interlocuteur. Le trajet dura plus d'une heure. Les boulevards étaient d'une largeur phénoménale. Il y avait des millions de gens, des milliers d'immeubles, des centaines de quartiers, tous scintillant sans fin devant mes yeux. Finalement, nous arrivâmes dans notre quartier, Fong Tai – des taudis qui sentaient l'eau croupie et l'urine. Les bâtiments étaient délabrés, les rues jonchées d'ordures.

Ma mère, sentant mon désespoir, me chuchota à l'oreille :

— Dès que les choses iront un peu mieux, tu pourras t'installer dans un quartier plus agréable.

Notre appartement était au onzième étage d'un immeuble affreux. Mon père mit la clé dans la serrure, ouvrit la porte et dit :

— Voilà le piano. Mets-toi au travail.

— Lang Guoren ! s'exclama ma mère. Le petit vient à peine de descendre du train. Nous avons voyagé toute la journée.

— Il ne peut pas se permettre de manquer un jour de travail, insista mon père. Il a déjà raté deux jours à cause de la fièvre. Il doit travailler deux heures avant d'aller se coucher.

— Il est encore convalescent, insista maman.

— Il a parfaitement récupéré. Cesse de le dorloter. Ne t'en mêle pas. Il doit travailler.

Je me mis donc au travail.

Je fis des gammes et jouai plusieurs études de Liszt que le professeur Zhu m'avait données en préparation de mon entrevue avec le professeur de Pékin qu'elle nous avait recommandé. Je jouai les larmes aux yeux. Je jouai car il était plus facile de le faire que de ne pas le faire ; plus facile que de discuter avec mon père ; plus facile que d'écouter mes parents se disputer ; plus facile que de penser au fait que j'étais à Pékin et que j'allais être séparé de ma mère le lendemain matin.

À mon réveil, je vis qu'elle m'avait préparé un petit déjeuner.

— Qui va me préparer le petit déjeuner à partir de maintenant ? demandai-je.

— Ton père.

— Il ne sait pas cuisiner.

— Il apprendra.

— Je ne mangerai pas.

— Mais si, mon chéri. Tu adores manger.

— Je ne mangerai rien de ce qu'il fera, protestai-je.

Il m'avait fait la cuisine une fois et j'avais fini par tout jeter tant c'était mauvais.

Mon père m'observait depuis le fond de la pièce avec un visage sans expression. Il regarda sa montre d'un air absent.

— La semaine prochaine, tu dois rencontrer le nouveau professeur et tu n'es pas prêt. Nous deux, nous restons ici. Ta mère ira seule à la gare.

Quand mon père donna le signal de son départ, je me précipitai vers ma mère et m'agrippai à son manteau. Ses larmes ne firent qu'accroître mon désespoir. Après son départ et quand mon père m'enjoignit de me mettre au travail, je déversai tous mes sentiments dans mon jeu. En l'absence de ma mère, le piano devint souvent une extension de mes émotions. Il ne pouvait me prendre dans ses bras comme elle le faisait, mais il était une consolation, un confident et un refuge où m'abriter sans risquer le mécontentement de mon père. Quand je jouais du piano, j'étais content, mon père était satisfait et je sentais la présence de ma mère à mes côtés. Le reste du temps, j'avais l'impression que tout était perdu.

2. Mme Sévère

J'étais assis à l'arrière de la bicyclette déglinguée de mon père et nous circulions dans les rues de Pékin. Nous étions en train de chercher le Conservatoire central de musique, dont nous connaissions à peu près l'emplacement mais nous nous sommes perdus. Par la suite, nous avons appris que ce trajet prenait normalement une heure. Ce jour-là, il nous en fallut deux.

Tandis que nous traversions cette immense ville, je ne pus m'empêcher de comparer Pékin à Shenyang. À Shenyang, j'étais connu comme un brillant petit pianiste ; ma photo avait paru dans les journaux. À Pékin, je n'existais plus. Là-bas, mon père était un officier de police haut placé ; les gens le craignaient et le respectaient. Ici, personne ne le connaissait : un homme quelconque sur une bicyclette de troisième main avec un garçon potelé assis à l'arrière. À Shenyang, nous connaissions chaque rue, chaque artère et chaque ruelle que nous parcourions sur sa moto de police. Là-bas, nous avions le sentiment de maîtriser les choses. Ici, nous étions complètement perdus.

— Quand tu rencontreras ce professeur, dit mon père,

tout ira bien. Elle verra ton talent et te montrera comment progresser. Tu progresseras suffisamment pour obtenir ton admission au conservatoire dans un an et demi et à partir de là, tu auras les meilleurs instructeurs du pays. Il faut donc que tu impressionnes cette femme ; c'est très important. Aujourd'hui, tu dois jouer à la perfection.

Je m'étais préparé à jouer à la perfection. Si nous pouvions supporter la misère de vivre dans des conditions sordides à Pékin, je ne flancherais pas. D'une manière ou d'une autre, j'impressionnerais ce professeur.

Pourtant, dès le moment où je la rencontrai, je ressentis sa dureté. Je m'étais attendu à quelqu'un comme le professeur Zhu, quelqu'un qui apprécierait mon jeu et qui m'encouragerait par ses éloges, alors que Mme Sévère – c'est ainsi que je l'appelais – était froide et impatiente. Une femme courtaude, avec de très petites mains et pas le moins du monde impressionnée par mon jeu. Jamais elle ne dit que j'avais du talent ou un quelconque potentiel ; jamais non plus, comme la plupart des musiciens qui m'avaient entendu jouer, que j'étais très en avance pour mon âge, que j'exécutais des prouesses techniques et que mon jeu était plein d'émotion. Elle ne m'accorda jamais le moindre compliment. Après chaque morceau, elle hochait la tête et disait : « D'accord. »

En plus d'enseigner aux candidats à l'admission au conservatoire, elle y était elle-même professeur.

— C'est pourquoi il est tellement important que tu suives ses instructions, me dit mon père après la première leçon. Elle représente une clé pour ton admission. Elle sait ce qu'attend le jury et ce qu'il exige car elle en fait partie.

— Mais pourquoi est-elle en colère contre moi ?

— Ce n'est pas de la colère, reprit mon père. C'est du professionnalisme. Elle n'a pas de temps à perdre à te dorloter ; ce n'est pas une mère qui bichonne son enfant.

C'est un professeur de haut rang avec une tâche à accomplir. Sa tâche est de te mettre au défi. Ta tâche est de l'écouter.

— Je ne l'aime pas, déclarai-je en montant à l'arrière de la bicyclette.

Tandis que nous avancions dans la circulation, l'atmosphère, envahie par la pollution de l'après-midi, tirait sur un marron sale.

— On ne te demande pas de l'aimer, cria mon père vers l'arrière. Contente-toi de la respecter.

Ma nouvelle vie dans la puissante ville de Pékin consistait à prendre des leçons auprès de Mme Sévère, à m'entraîner et à aller à l'école primaire.

Cela ne me dérangeait pas de m'entraîner. Quand Mme Sévère me donnait des morceaux difficiles à apprendre, j'aimais relever le défi. Quand je les apprenais vite, j'espérais toujours pouvoir l'impressionner.

Malheureusement, je n'y ai jamais réussi, ou, si ce fut le cas, elle n'en laissa rien paraître. Le seul sentiment qu'elle ait jamais manifesté était la déception. « Tu n'es pas en mesure, disait-elle. Ton phrasé est maladroit. Tu ne comprends pas l'esprit du compositeur. » « Tu joues comme un samouraï qui va finir par se suicider. » « Tu joues comme un marchand de patates. » « Tu joues comme un robinet d'eau tiède, c'est insipide. Il faut faire du Coca-Cola. »

Le Coca venait d'arriver en Chine et était très populaire. Quand je lui demandais comment faire du Coca-Cola, la cloche sonnait immanquablement et elle m'annonçait que la leçon était terminée.

Elle me disait que je jouais sans mise au point, sans sens musical. Pendant la Révolution culturelle, les gens avaient jeté les sublimes enregistrements d'Horowitz, de

Rubinstein et de Schnabel par les fenêtres et avaient détruit leurs partitions. Elle me disait que je jouais comme ces gens-là, que je n'avais aucun sens de la musique, que je ne produisais rien d'autre que des fantaisies ridicules.

J'étais alarmé par ses critiques, mais pas mon père.

— C'est la réalité, dit-il. Shenyang était le pays des contes de fées. Ici, les professeurs ne mâchent pas leurs mots. Elle est dure et c'est ce qu'il faut. C'est pour ton bien.

En fait, j'appris plus tard que Mme Sévère avait subi le même traitement de la part de son propre professeur de piano.

Le temps doux se changea rapidement en froid mordant. Notre logement n'était pas chauffé ; nous vivions grâce à l'argent que ma mère nous envoyait de Shenyang. Cent cinquante dollars par mois qui suffisaient à peine pour payer le loyer, les leçons, acheter les légumes, les œufs et parfois un morceau de poulet. Nous n'avions pas les moyens d'acheter ne fût-ce qu'un petit radiateur, sans même parler de la télé. Quand je m'entraînais, mon père m'enveloppait dans plusieurs épaisseurs de vêtements. Je portais deux pantalons et deux chemises. Les mouvements de mes doigts me réchauffaient les mains. En fait, je jouais tard dans la nuit pour retarder le moment d'aller me coucher dans un lit si froid que j'avais du mal à dormir. Pour être sûr que j'aie une bonne nuit de sommeil, mon père se couchait dans le lit avant moi pour le réchauffer.

Cependant, mon entraînement nocturne était davantage qu'une tactique de survie : c'était un comportement compulsif, pour moi comme pour mon père.

— Si tu travailles davantage, répétait-il, tu finiras par satisfaire ton professeur. Tu dois lui plaire à tout prix.

Je ne pouvais envisager l'idée de ne pas être à la

hauteur de ses attentes. Si cela signifiait davantage de travail, qu'il en fût ainsi. Mais d'un autre côté, je ne pouvais pas non plus envisager l'idée de plaire à ce professeur qui n'appréciait aucunement mon jeu.

D'abord, je travaillais après le dîner jusqu'à 19 heures. Puis jusqu'à 20 heures. Puis jusqu'à 21 heures ou 22 heures, parfois même jusqu'à 23 heures. Les murs de l'appartement étaient minces et les voisins commencèrent à se plaindre de tous les côtés, même ceux des immeubles voisins. « Arrêtez ce tapage ! » « Cette musique nous rend fous ! » « Si vous n'arrêtez pas, je vous tuerai ! » « Je vous briserai les mains ! » « Je vais appeler la police ! »

« Ignore-les, disait platement mon père. Continue à travailler. »

S'ils persistaient à se plaindre, il répondait avec des imprécations de son cru : « Mon fils est un génie ! Vous ne connaissez pas votre chance de l'entendre gratuitement ! Un jour, on payera cher pour venir l'écouter ! »

Finalement, quelqu'un appela la police. Une nuit, il y eut un grand coup frappé à la porte.

— Police ! brailla une voix. Ouvrez !

Deux officiers à la mine sévère firent irruption comme s'ils s'apprêtaient à appréhender un couple de criminels.

— Où est votre permis de travail local ? demandèrent-ils à mon père. Où est votre permis de séjourner à Pékin ?

Mon père n'avait pas de permis de travail. Son unique préoccupation avait consisté à me faire entrer au conservatoire. Et nous n'avions pas assez d'argent pour le permis de séjour. Il avoua qu'il n'avait pas de papiers.

— C'est une sérieuse infraction, dirent-ils. En outre, la loi interdit de faire du bruit après 20 heures.

J'avais peur : allaient-ils nous renvoyer à Shenyang ?

— Écoutez, les gars, dit finalement mon père. J'ai été officier de police ; je dirigeais la brigade des mœurs de Shenyang. Vous pouvez voir ici mon uniforme et là, mes papiers officiels. Je sais à quel point ce métier est difficile et je sais que vous ne faites que votre travail. Mais vous avez affaire ici à une situation exceptionnelle. Mon fils est un génie à l'aube de sa gloire. Voyez ici différents articles qui ont été écrits sur lui dans le journal de Shenyang.

Mon père avait toujours ces articles sur lui. Après les avoir lus avec attention, les policiers comparèrent les photos avec moi. Ils virent que mon père ne mentait pas.

— J'ai abandonné mon travail pour consacrer ma vie à mon fils et à son talent, continua mon père. Nous vivons sur le modeste salaire de ma femme. Elle a dû rester là-bas pour subvenir à nos besoins. Financièrement, nous sommes dans une situation désastreuse. Nous n'avons rien d'autre que la ténacité du petit Lang Lang à travailler jour et nuit. Il faut qu'il le fasse. Il y a deux mille candidats pour le conservatoire et seuls quinze seront admis. Nous voulons qu'il soit parmi eux. Nous voulons qu'il soit numéro un et vous pouvez nous aider. Dans le cas présent, nous aider signifie seulement nous laisser tranquilles. Nous sommes des travailleurs et des gens honnêtes. Je vous en prie, soyez compréhensifs.

Mon père déploya une telle éloquence et une telle passion que l'attitude sévère des policiers se changea en bienveillance. Ils me tapotèrent tous deux la tête et dirent à mon père qu'il avait raison, qu'il était un bon père avec un bon fils et que la ville de Pékin avait besoin de citoyens méritants tels que nous.

— Bonne chance, me dirent-ils avant de partir. En espérant que tu obtiennes ton admission au conservatoire !

Si mon père était un maître de l'argumentation, c'était un cuisinier catastrophique. Il faisait trop cuire les légumes et avait même du mal à faire le riz. Ses repas insipides me faisaient regretter davantage encore l'absence de ma mère. Chaque soir en rentrant, elle faisait de délicieuses boulettes, du porc ou du poisson frais. Avec mon père, il n'y avait aucun plaisir ni à cuisiner, ni à manger. Nous économisions sur la nourriture et ma mère en faisait autant à Shenyang, dépensant moins de dix dollars par mois pour se nourrir.

À cette époque, la banlieue de Fong Tai était à la limite de l'agglomération de Pékin, au milieu de nulle part. Mon ami Mark Ma et mes camarades de la classe de Mlle Feng me manquaient. Il y avait bien d'autres étudiants en musique venus de Shenyang qui s'étaient installés à Pékin et avaient obtenu leur admission au conservatoire – des enfants plus âgés vivant avec leur mère –, mais ils étaient étrangement froids et distants avec nous.

— Pourquoi ne sont-ils pas plus aimables ? demandai-je à mon père.

— Je ne sais pas, admit-il. Peut-être sont-ils jaloux de toi et ont-ils peur que tu leur fasses de l'ombre.

— Pourtant, ils étaient si gentils à Shenyang.

— Pékin n'est pas Shenyang. Pékin change les gens. Ne te soucie pas d'eux. Concentre-toi sur ton travail. Tu ne travailles pas suffisamment.

Alors je me mis à travailler encore davantage.

Et comme nous vivions si loin du centre de Pékin, les autres écoliers, venus eux-mêmes de la campagne, se moquaient de mon accent et m'appelaient « Le péquenaud du Nord ».

— Oh, le péquenaud joue du piano ! me lançaient-ils. Qu'est-ce que vous croyez qu'il va nous faire comme boucan ?

Mme Sévère m'avait donné à travailler l'une des variations difficiles de Beethoven.

— Il faut le phraser avec délicatesse, me dit-elle. Ne le joue pas avec la main lourde.

Je suivis ses indications. Relevant le défi et attaquant le morceau avec enthousiasme, je travaillai jusqu'à en avoir mal aux doigts, jusqu'à ce que j'eus l'impression de l'avoir maîtrisé. En me rendant à mon cours, assis à l'arrière du vélo de mon père bringuebalant sous une pluie battante, j'entendais le morceau dans ma tête. Les notes résonnaient. Mes doigts immobiles dansaient sur un clavier invisible. Je ne voyais ni les vélos, ni les voitures, ni les bus ; je ne voyais pas davantage les feux rouges et la foule de piétons. Trouver son chemin dans le labyrinthe des rues était devenu l'histoire de Beethoven. Quand nous sommes arrivés au studio de Mme Sévère, elle me regarda à peine. Elle semblait nerveuse et, comme toujours, impatiente.

— Commence, ordonna-t-elle.

Après quelques minutes, elle m'arrêta et dit :

— Tu joues ce morceau comme si tu en avais peur. Tu joues trop doucement.

— Vous m'avez dit de le jouer avec délicatesse, lui rappelai-je.

— Non, je n'ai jamais dit ça.

Elle l'avait pourtant dit et j'eus envie de lui répondre, mais j'étais un petit garçon et elle, un professeur éminent. Je tins ma langue et continuai à jouer.

— Trop doux, dit-elle. Trop timide. Tu dois approcher ce morceau avec des mains plus lourdes.

— Mais, professeur…, commençai-je.

Elle me coupa :

— Pas de « mais ». Tu dois suivre mes indications, sinon j'arrêterai de te donner des cours.

Sa menace me fit peur.

— Si ce morceau est trop difficile, je peux t'en donner un plus facile.

Mon père intervint :

— Lang Lang ne veut pas quelque chose de plus facile. Il veut quelque chose de plus difficile.

— Comment puis-je lui donner quelque chose de plus difficile s'il arrive ici sans préparation ?

— Cela n'arrivera plus, promit mon père.

Mais je me suis préparé, pensai-je. Je connais ce morceau. J'en connais chaque note. Mme Sévère m'a donné des instructions que j'ai suivies et ensuite, elle a changé d'avis. Maintenant elle ment. C'est une menteuse.

— C'est ton professeur et c'est aussi ton seul moyen d'intégrer le conservatoire ! hurla mon père tandis que nous arrivions au poteau où il avait attaché son vélo.

— Mais elle est folle ! Elle m'a donné des indications et je les ai suivies à la lettre. Et ensuite, quand je joue de cette façon, elle me réprimande et me demande de jouer autrement.

Je montai à l'arrière du vélo et mon père, toujours furieux, se jeta dans la circulation. Pour la première fois, il se trouvait sur la chaussée des voitures et non pas sur la piste cyclable. Sa rage lui faisait perdre son bon sens. Les voitures nous doublaient des deux côtés, les conducteurs nous klaxonnant ou nous insultant au passage.

— Tu es un imbécile ! criait mon père, ignorant les voitures qui nous frôlaient. Tu es un paresseux ! Tu n'écoutes pas ton professeur et tu ne joues pas comme elle veut !

Mon père conduisait de façon erratique. Mes bras entouraient sa poitrine mais j'avais du mal à rester en équilibre.

— Tu gâches tes chances de succès ! Tu t'entêtes à

vouloir jouer comme tu veux et tu n'obéis pas à ton professeur !

— C'est faux ! hurlai-je.

Les larmes coulaient sur mon visage, le vent me piquait les yeux.

— J'essaie !

— Tu ne fais pas assez d'efforts !

— Je ne peux pas en faire plus !

— Alors tu es un imbécile !

À cet instant, il tourna brusquement le guidon vers la droite pour éviter un camion. Le mouvement fut si soudain que je lâchai prise et commençai à tomber vers la chaussée. J'étais terrifié. Si je tombais, je me cognerais la tête sur le sol et une voiture m'écraserait. Mon père, sentant mes mains glisser, hurla :

— Accroche-toi !

J'agrippai la manche de sa veste. J'étais à moitié sur la bicyclette, à moitié dans le vide, et mon corps suspendu se rapprochait dangereusement du bitume. Au moment précis où j'allais glisser complètement, mon père réussit à me rattraper. Tout en continuant à pédaler, il me ramena avec sa main droite et garda sa prise jusqu'à ce que je pusse tenir tout seul, mais il resta sur la voie réservée aux voitures et continua à marmonner sur la mauvaise interprétation que j'avais présentée au grandissime professeur.

Cette nuit-là, je travaillai le morceau selon les nouvelles indications. Je savais que je n'avais pas le choix, et je savais aussi que j'avais affaire à un professeur qui ne serait jamais satisfaite, quelle que soit ma prestation. Quand je retournai à son studio une semaine plus tard et que je jouai le Beethoven avec davantage de force, elle secoua la tête.

— Il manque encore quelque chose, déclara-t-elle.

— Quoi ?

Elle n'avait pas de réponse à ma question.

— Tu ne m'écoutes pas ! cria-t-elle.

— J'essaie, répondis-je désespéré.

— Ne réponds pas à ton professeur ! hurla mon père.

Je refoulai mes larmes. J'étais si contrarié que je fis plusieurs fautes en rejouant le morceau.

Mon père était furieux. Ce soir-là, il lança violemment sur moi une grosse chaussure en cuir. Cette rage était plus douloureuse pour moi que le sang qui coulait.

— Tu nous laisses tous tomber, s'écria-t-il. Tu laisses tomber ta mère, tu me laisses tomber, tu te laisses tomber toi-même ! Tu fais honte à toute ta famille !

Ses accusations devenaient plus violentes. Il ne m'avait jamais parlé ainsi auparavant. Il n'en avait pas eu l'occasion : à Shenyang, j'étais une vedette, tandis qu'à Pékin, j'étais tombé dans l'anonymat ; et plus Mme Sévère me critiquait, plus mon père s'emportait. Au fond de lui, il avait sans doute senti l'inconsistance de ses critiques, mais c'était un homme qui respectait implicitement l'autorité et il était incapable de la remettre en question. J'étais accablé et désespéré.

Les choses vont forcément s'arranger, me disais-je à moi-même. Mais elles ne firent qu'empirer.

3. La honte

Ma mère vint nous rendre visite, mais pour deux jours seulement, durant lesquels elle mit de l'ordre dans le fouillis qui régnait dans l'appartement et s'occupa de notre linge. Elle nous avait apporté des fruits et du porc de Shenyang, comme si elle venait nourrir des réfugiés. Pendant sa visite, je ne la quittai pas d'une semelle. Lorsqu'elle cuisinait mes plats préférés, je me sentais mille fois mieux. Quand elle me dit, après m'avoir entendu travailler, que je n'avais jamais aussi bien joué, je la serrai dans mes bras de toutes mes forces. C'était le premier encouragement que j'avais depuis des mois. Comme sa merveilleuse cuisine, ses encouragements me prodiguaient la nourriture dont j'avais besoin.

Le temps s'était adouci et quand je ne m'entraînais pas, nous marchions tous deux le long des grandes avenues de Pékin. Elle pensait que je ne sortais pas assez. Pendant ces promenades, je lui parlais de Mme Sévère. Ma mère ne pouvait pas concevoir que quelqu'un puisse ne pas apprécier mon jeu.

— Peut-être est-ce sa façon de te motiver, suggéra-t-elle.

Je parlai aussi à ma mère d'une chose dont je n'avais pas osé parler à mon père. J'étais devenu ami avec une fille qui étudiait aussi avec Mme Sévère. Parfois, je l'aidais dans sa pratique, lui montrant des techniques et des exercices. Un jour, la fille m'avait rapporté des propos de Mme Sévère ; celle-ci pensait que je n'avais pas de talent. La fille avait ajouté que nos amis de Shenyang qui étudiaient au conservatoire disaient du mal de mon père et de moi.

Pendant un moment, ma mère resta silencieuse. Nous nous assîmes dans un square, à l'ombre d'un arbre.

— Les gens sont compliqués, Lang Lang, dit-elle finalement. Ils peuvent se montrer secourables mais ils peuvent aussi être méchants. Certains n'aiment pas voir les autres réussir. C'est inévitable. Il faut vivre avec, avancer et réaliser nos objectifs. Ignorons-les.

— Je sais maman, répondis-je. Pourtant, je ne peux pas ignorer Mme Sévère. Elle n'aime rien de ce que je fais. J'ai bien peur qu'elle arrête de me prendre comme élève, et alors, comment pourrai-je intégrer le conservatoire ?

— Ton père pense que c'est un bon professeur, mon chéri. Il connaît la musique et dit qu'elle est parmi les meilleurs. Je sais qu'elle est très exigeante, mais tant que tu travailleras et que tu progresseras, tout ira bien, je te le promets.

Elle se pencha sur moi pour me serrer dans ses bras et m'embrassa sur la joue.

Puis je demandai à ma mère si elle pouvait m'acheter un nouveau Transformer ; je passais depuis des semaines devant un magasin de jouets, j'avais étudié tous les Transformers de la vitrine et je savais exactement celui que je voulais.

— Eh bien, allons-y, mon chéri. Tu auras ce cadeau.

La visite de maman fut de courte durée et quand elle partit, elle emporta le beau temps avec elle. Je me retrouvai avec l'angoisse de devoir à nouveau affronter mes cours hebdomadaires. Même quand j'étais intimement convaincu d'être venu à bout d'un morceau difficile de Schubert ou de Tchaïkovski, Mme Sévère ne paraissait nullement impressionnée. Mes doigts couraient sur les touches ; ma maîtrise des difficultés techniques était bonne ; je jouais avec les émotions appropriées. Pourtant, elle n'était jamais satisfaite.

— Il manque quelque chose, se plaignait-elle, mais elle ne disait jamais quoi.

Ma frustration s'accentuait. Papa arrêta de dire que je ne m'entraînais pas assez, car il était évident que ce n'était pas le cas. Il restait dans l'appartement à m'observer, à surveiller le moindre de mes mouvements. Il savait que quelque chose clochait.

Un jour, en nous rendant au studio de Mme Sévère, papa et moi dûmes traverser une tempête de sable et un orage. Au printemps, des vents forts soufflent du sable jaune venu du désert de Gobi sur toute la ville de Pékin. La pluie plaquait la saleté sur les visages et sur les vêtements. Malgré ma capuche jaune imperméable, j'avais le visage éclaboussé par l'eau boueuse chaque fois que le vélo passait dans une flaque. En arrivant, mon père et moi étions sales et trempés. Nous grelottions de froid ; pourtant, Mme Sévère ne nous offrit pas de serviettes.

— Si vous nous laissez nous sécher, professeur, dit mon père, Lang Lang pourra commencer à jouer pour vous.

— Ce ne sera pas la peine, dit-elle d'une voix plus froide que la glace.

— Pourquoi donc ? demanda mon père.

— J'ai décidé de ne plus faire travailler votre fils.

Un silence de mort suivit.

Je sentis des larmes couler sur mes joues. Je vis les yeux de mon père virer au rouge.

— Je ne comprends pas, dit-il. Mon fils est un génie.

— La plupart des parents de jeunes pianistes considèrent leur progéniture comme des génies. La très grande majorité d'entre eux ne l'est pas. Non seulement votre fils est loin d'être un génie, Lang Guoren, mais il n'a même pas assez de talent pour entrer au conservatoire. J'ai bien peur que sa cause ne soit perdue.

— Mais il a gagné des concours, argumenta mon père. Il y a eu des articles sur lui dans la presse. À Shenyang, il est très connu.

— Shenyang n'est pas Pékin.

— Vous devriez reconsidérer votre décision, professeur. Nous misons tout sur le talent de ce garçon. J'ai quitté un bon poste pour vivre dans un taudis uniquement pour que vous puissiez l'entraîner.

— Je suis désolée, Lang Guoren, mais ma décision est prise. Maintenant, si vous voulez m'excuser…

Encore dégoulinants, nous sommes repartis sous la pluie. Accroché à la poitrine de mon père, je pleurai pendant tout le trajet du retour. Ma vie de musicien était finie. Mon avenir s'écroulait. Quand mon père descendit de bicyclette, je ne sus si son visage était couvert de pluie ou de larmes. Cela n'avait d'ailleurs pas d'importance : plus rien n'avait d'importance.

Déboussolé, mon père tournait en rond. Pour la première fois de ma vie, je sentis qu'il ne savait pas quoi fairc. Il ne savait comment gérer le fait que je n'avais plus de professeur ni aucun moyen pour préparer l'audition du conservatoire. Nous étions des étrangers perdus et sans ressources dans une ville immense et inhumaine.

Ma seule consolation était la chorale de l'école primaire à laquelle je participais. Le chef de chœur m'avait demandé de les accompagner au piano et j'adorais faire ça, car les enfants admiraient mon jeu. Le pianiste que j'avais remplacé faisait souvent des erreurs, alors que j'en commettais très rarement ; au moment où rien n'allait plus dans ma vie, où je me sentais mal-aimé et dépourvu de talent, la chorale fut ma seule chance de rédemption.

Le matin suivant ce renvoi, mon père me réveilla une heure plus tôt.

— Tu vas t'entraîner une heure de plus avant d'aller à l'école, dit-il, et une heure de plus après. Quand tu reviens de l'école à 15 heures, ne travaille pas jusqu'à 17 heures mais jusqu'à 18 heures.

Je ne comprenais pas : pour qui allais-je m'entraîner ? Mais mon père ne paraissait pas d'humeur à répondre à mes questions : il y avait dans ses yeux un éclair de folie que je n'avais jamais vu auparavant.

— Tu dois travailler comme si ta vie en dépendait, dit-il, jusqu'à ce que tout le monde comprenne qu'on ne peut pas te rejeter, que tu es le numéro un et que tu seras toujours le numéro un.

Ce jour-là, en jouant pour la chorale, je tentai d'oublier Mme Sévère et l'état d'esprit délirant de mon père. Le professeur me fit des compliments, mais elle trouvait que la chorale n'était pas au point et prolongea la répétition de quatre-vingt-dix minutes. Je savais que mon père serait mécontent que je ne commence pas à m'entraîner à 15 heures mais je n'avais pas le choix. En outre, je pensais qu'il se calmerait si je lui disais que j'avais quand même joué du piano.

Après la répétition, je me dépêchai de rentrer à la maison. À proximité de notre immeuble, je vis mon père penché au balcon du onzième étage. Il m'invectivait à tue-tête.

— D'où viens-tu ? Tu es en retard ! On ne peut pas te faire confiance ! Tu as gâché ta vie ! Tu as gâché nos vies à tous !

Sa voix était horriblement stridente. Mon père m'avait déjà hurlé dessus auparavant, mais jamais de cette façon. Il donnait l'impression d'avoir perdu la raison. Et quand je pénétrai dans l'appartement, ce fut encore pire.

— Tu as manqué presque deux heures de travail et tu ne pourras jamais les rattraper ! hurlait-il. Maintenant, il est trop tard ! Tout est perdu ! Il n'y a plus rien à faire !

— Ce n'est pas ma faute, protestai-je. Le professeur nous a demandé de prolonger la répétition…

— Je ne te crois pas.

— Si, papa, c'est vrai. Je…

— Tu es un menteur et un paresseux ! Tu es un mauvais fils et tu ne mérites pas de vivre. Non, vraiment pas !

— Qu'est-ce que tu racontes ?

— Tu ne peux pas retourner à Shenyang avec cette honte ! criait-il. Tout le monde saura que tu n'as pas été admis au conservatoire ! Tout le monde saura que ce professeur t'a renvoyé ! La seule issue est de mourir !

Je me mis à reculer dans la pièce pour m'éloigner de mon père. Ses hurlements ne firent que s'accentuer, de plus en plus hystériques.

— J'ai quitté mon travail pour toi, j'ai sacrifié ma vie ! Ta mère travaille et se prive de nourriture pour toi, tout le monde dépend de toi et toi, tu te permets d'être en retard, tu es renvoyé par ce professeur, tu ne t'entraînes pas et tu ne fais pas ce que je te dis. Tu ne mérites pas de vivre. La mort est la seule solution. Il vaut mieux mourir maintenant que de vivre dans la honte ! Ce sera mieux pour nous deux. Tue-toi le premier, je le ferai ensuite.

Pour la première fois de ma vie, je ressentis une haine intense pour mon père. Je me mis à le maudire.

— Prends ces pilules ! dit-il en me tendant un flacon dont j'appris plus tard qu'il s'agissait de puissants antibiotiques. Avale trente pilules d'un coup. Tout sera fini, tu seras mort !

Je courus vers le balcon pour mettre entre nous la plus grande distance possible.

— Si tu ne veux pas prendre ces pilules, hurla-t-il, alors saute ! Saute immédiatement ! Saute et meurs !

Il se précipita sur moi et je me mis à lui donner de furieux coups de pied. Jamais auparavant je ne m'étais conduit avec une telle violence mais j'avais peur qu'il me jette du balcon ; à cet instant, je sentis qu'il était capable de tout. Je m'imaginai tombant du onzième étage, le crâne éclaté contre le sol, mon sang, ma vie se déversant hors de moi.

— Arrête ! suppliai-je. Tu es fou ! Laisse-moi tranquille ! Je ne veux pas mourir ! Il n'en est pas question !

Je rentrai précipitamment dans l'appartement.

— Si tu ne veux pas sauter, hurla mon père, alors avale ces pilules ! Avale-les toutes, jusqu'à la dernière !

Toute ma vie, mon père m'avait répété de protéger mes mains à tout prix ; elles étaient la partie la plus précieuse de mon corps. Mais à cet instant, je me mis à cogner les murs de mes poings. J'allais briser mes mains, en briser chaque os. Je tapais sur le mur comme un boxeur sur le visage de son adversaire.

— Arrête ! hurla mon père.

— Non ! hurlai-je à mon tour.

— Tu vas détruire tes mains !

— Je hais mes mains, je te hais, je hais le piano. Tout ça ne serait pas arrivé sans le piano ! Le piano te rend fou, le piano te donne envie de me tuer ! Je hais la terre entière !

— Pas ça ! s'égosilla mon père.

Il se précipita sur moi et me serra dans ses bras en sanglotant.

— Pas ça, répétait-il en me tenant contre lui. Excuse-moi, excuse-moi, excuse-moi, il ne faut pas que tu abîmes tes mains. S'il te plaît, Lang Lang, n'abîme pas tes mains. Je ne veux pas que tu meures, mon fils. Je voudrais seulement que tu t'entraînes.

— Je te déteste, dis-je à travers mes larmes. Je ne m'entraînerai plus jamais. Je ne toucherai plus à un piano pour le restant de mes jours.

4. Oncle nº 2

Ne plus jamais m'entraîner au piano.

Ne plus jamais jouer de piano.

Ne plus jamais regarder un piano.

Ne plus jamais parler à mon père.

Ne plus jamais regarder mon père.

Ne jamais lui pardonner.

Ne jamais cesser de le haïr. Le haïr chaque heure, à chaque minute, chaque seconde. Le haïr d'avoir souhaité ma mort. Le haïr pour ne pas m'avoir cru quand je lui ai dit que c'était le professeur qui m'avait mis en retard. Le haïr de ne pas avoir pensé que c'était Mme Sévère qui mentait. Le haïr de m'avoir fait haïr le piano que j'avais toujours aimé, du plus loin que je me rappelle, depuis que j'ai vu Tom pourchasser Jerry sur les touches, depuis que j'ai entendu pour la première fois les notes merveilleuses, les merveilleuses mélodies, les chœurs, les harmonies et la magie de la musique.

Tout est fini.

Maintenant, il n'y a plus de beauté. Plus de musique. Maintenant, il n'y a plus rien.

Maintenant, je ne suis plus qu'un enfant dépourvu de

rêves qui va à l'école dans une ville étrangère, qui vit avec un père qu'il hait.

Je ne pouvais même plus regarder mon père. Le soir, je lui tournais le dos pour manger les légumes insipides qu'il avait cuisinés pour moi. Je ne lui répondais plus quand il me posait des questions. Il avait honte de lui et arpentait l'appartement en silence mais cela ne me touchait pas. Ses excuses ne signifiaient rien pour moi. Je ne pouvais pas lui pardonner.

Parfois il disait :

— Il faut que tu te remettes au travail, Lang Lang. Tu perds du temps et tu vas oublier tout ce que tu as appris.

Cependant, il se sentait trop coupable et trop humilié d'avoir perdu la tête pour avoir gardé son autorité. Il savait qu'il ne pouvait pas m'obliger à travailler.

— Tu rejoueras, disait mon père. Tu ne pourras pas faire autrement. Tu as le piano dans le sang.

Pourtant, je ne ressentais plus le besoin de jouer. J'avais même arrêté d'accompagner la chorale de l'école, ma seule source de plaisir depuis mon arrivée à Pékin.

Si j'avais été plus âgé et plus courageux, je me serais enfui ; je serais rentré en stop à Shenyang pour vivre avec ma mère. Mais je ne connaissais pas le chemin et je manquais de courage. Et puis, je n'avais que neuf ans. Chaque soir, je m'endormais en pleurant.

— Pourquoi ne veux-tu plus jouer ? me demanda le chef de chœur à l'école primaire.

— Mon père…, commençai-je.

— Dis-moi, me pressa le professeur.

— Oh, ce n'est rien, répondis-je.

— Il y a bien quelque chose, insista-t-elle. Un jour, tu joues avec brio pour la chorale, et le lendemain, tu ne veux plus jouer. Que s'est-il passé ?

J'avais envie de tout lui dire. Néanmoins, j'avais honte d'avoir un père aussi fou et je ne pouvais pas lui raconter qu'il avait voulu que je me jette du balcon ou que je me suicide avec des médicaments pour la simple raison qu'elle m'avait retenu plus tard. Je ne voulais pas qu'elle pense que c'était sa faute. Alors je ne dis rien et en revenant ce soir-là, je jetai par terre mes livres de classe et me mis à pleurer.

— Vas-tu te remettre au travail aujourd'hui ? implora mon père.

Je ne pris pas la peine de lui répondre.

Les semaines passèrent. Un mois, puis deux, puis trois.

Je ne pouvais pas appeler ma mère car nous n'avions pas le téléphone. Je priais désespérément pour qu'elle vienne nous voir, mais elle ne pouvait pas quitter son travail. Je priais surtout pour qu'elle m'emmène loin de mon père, bien qu'il m'assurât que cela n'arriverait jamais. Alors que pouvait-il bien se passer ? Pourquoi rester ici, à Pékin, puisque je ne jouais plus au piano et que je n'allais plus me présenter au conservatoire ? Quel sens cela avait-il de vivre ?

J'étais déprimé. Peut-être mon père avait-il raison, après tout. Peut-être valait-il mieux mourir. À ce moment-là, le piano se mit à me manquer ; la vie sans musique n'avait plus de sens. Des mélodies me trottaient dans la tête et j'éprouvais le besoin de jouer ; j'avais souvent l'impression que c'était la seule chose qui pourrait me réconforter. Pourtant, je ne pouvais me résoudre à me rasseoir sur un tabouret de piano. L'idée de m'entraîner était trop associée aux souvenirs récents des brutalités de mon père. Jouer au piano aurait fait plaisir à mon père, alors que j'avais envie de le faire souffrir.

J'étais condamné à l'enfer.

Après le printemps vint l'été et, comme je ne m'entraînais plus, je disposais de temps libre et me promenais seul. Parfois, je m'arrêtais dans un marché pour acheter une pêche ou une poire avec les quelques pièces que mon père me donnait. Un jour de juin, je passai au marché et m'arrêtai devant un étalage de melons ; je me mis à en tâter un pour évaluer sa maturité.

— Tu as un toucher particulier, me dit le vendeur. La plupart des gens appuient sur le melon. Mais toi, tu le traites comme un instrument de musique.

— Je jouais du piano avant.

— Avant ? s'étonna l'homme. Tu parais bien jeune pour t'être déjà arrêté.

— Je ne joue plus, répondis-je.

— C'est dommage. J'aurais pensé que tu étais très bon.

— J'ai eu un professeur qui disait que je n'étais pas doué.

— Eh bien, les professeurs ne sont que des êtres humains comme les autres, dit le vendeur de melons. Ils peuvent se tromper. Comment t'appelles-tu ?

— Lang Lang.

— Un joli nom !

— Et vous ? demandai-je.

— Han.

Han était plus jeune que mon père ; ses années d'entraînement au kung-fu lui avaient donné une solide constitution et ses années de travail dans les champs avaient tanné sa peau. Il avait un regard honnête et chaleureux. J'appris plus tard qu'il venait de la ferme et qu'il avait laissé à la campagne sa femme et son fils, qui avait à peu près mon âge, pour venir gagner sa vie à Pékin avec son frère. En raison de sa gentillesse, je m'ouvris à lui. Je lui expliquai que ma mère était restée à Shenyang et lui énumérai les plats qu'elle avait l'habitude de cuisiner. En fait, comme j'avais besoin de me confier, je lui racontai toute notre histoire.

— Tu dois être un sacré bon pianiste, dit-il quand j'eus terminé. Pour que tes parents aient fait de tels sacrifices, il devaient vraiment penser que tu pouvais être numéro un.

— Je suis numéro zéro, affirmai-je. Je n'ai même plus de numéro.

— Je pense que tu seras numéro un, insista Han. Pour le moment, tu es triste. Ça arrive à tout le monde d'être triste de temps en temps. Mais je suis sûr que ce gros melon va te remettre d'aplomb. Quand tu le mangeras, je veux que tu penses à des choses gaies.

Quand je dis à Han que je n'avais pas assez d'argent pour acheter un melon entier, il me répondit qu'il n'était pas à vendre.

— Je l'avais gardé pour un grand musicien, dit-il. C'est ta récompense pour avoir travaillé si longtemps et si dur.

— Mais vous ne m'avez jamais entendu jouer.

— Je t'ai entendu dans mon imagination et mon imagination est très riche. Prends ce melon avec mes meilleurs vœux, et dis à ton père qu'il peut être fier de son fils.

En rentrant à la maison avec le melon, je parlai à mon père pour la première fois depuis notre dispute : il fallait que je lui parle de Han.

— Il a l'air d'un type bien, dit mon père. Il faudra que j'achète mes légumes chez lui.

Le jour suivant, mon père revint à la maison avec un cabas plein.

— J'ai dit à Han que j'étais ton père et il m'a traité comme un personnage important. Il m'a donné ses meilleurs légumes à un prix très bas. Tu as raison, Lang Lang, c'est un bon gars !

Moins d'une semaine après, mon père invita Han dans notre petit appartement. Han cuisina un repas délicieux pour nous et il fit bientôt partie de la famille. Je l'appelais Oncle nº 2. Sa personnalité accommodante allégea une grande partie de la tension qui régnait entre mon père et moi et sa présence avait fait retomber ma colère. Finalement, mon père avait trouvé un interlocuteur et moi aussi.

Pourtant, malgré la bonne volonté libérée par Han, je restais inflexible sur mon refus de m'entraîner. Quand Han me demanda de donner un petit récital, rien que pour lui, je répondis :

— Oncle nº 2, j'aimerais beaucoup te montrer comment je joue, mais je ne suis plus pianiste, juste un enfant comme les autres.

— Je comprends, dit-il. Je suis patient et j'attendrai que tu sois prêt.

— Je ne serai jamais prêt.

— Lang Lang, mon garçon, me dit-il, jamais c'est très, très long.

Il se passa encore trois ou quatre semaines. Han nous rendait régulièrement visite et me demandait souvent de jouer, mais je refusais. Quand je regardais les partitions posées sur le piano, couvertes d'une fine couche de poussière, je voyais les trous que les souris y avaient creusés.

Puis, par un étrange retournement du destin, un voisin vint chez nous, un homme qui avait vigoureusement protesté contre le boucan de ma musique ; en fait, de tous les voisins, c'est lui qui s'était plaint le plus. Une fois que j'avais joué jusque tard dans la nuit, il avait même jeté des cailloux à notre fenêtre. C'était lui qui avait appelé la police.

— Qu'est-ce qu'il y a encore ? demanda mon père au voisin, qui se tenait dans l'encadrement de la porte. Ce ne peut pas être le bruit : mon fils ne joue plus.

— C'est pourquoi je suis là.

— Je ne comprends pas, dit mon père.

— Cela m'aidait de l'entendre.

— Je croyais que cela vous rendait fou.

— Je le croyais aussi. J'avais une maladie nerveuse. Le médecin m'avait prescrit des tisanes comme traitement et je pensais que d'entendre votre gamin ne faisait qu'aggraver mon cas. C'est pourquoi j'avais réagi aussi violemment et je m'étais plaint aux autorités. J'avais même jeté des cailloux sur votre fenêtre.

— Je sais, dit mon père. Une fois, vous avez cassé le carreau et j'ai dû le faire remplacer.

— Je vais vous le rembourser. Mais il faut que votre fils se remette à jouer.

— Quoi ? C'est insensé : cela vous mettait les nerfs à vif.

— Au bout du compte, je me suis aperçu que cela me calmait. J'ai tout fait pour qu'il arrête mais il n'y avait pas moyen. Pourtant, au bout d'un certain temps, son jeu – son jeu merveilleux, je dois le dire – avait fini par m'apaiser. Sa musique me calmait. Le tremblement de mes mains avait cessé. Je me sentais moins nerveux. Depuis qu'il s'est arrêté, ma nervosité est revenue. Je tremble plus que jamais. J'ai besoin de l'entendre.

— Vous pourriez acheter un disque ? ai-je suggéré du fond de l'appartement.

— Je n'ai pas les moyens d'avoir un appareil, répondit le voisin. Votre musique était gratuite. C'était un cadeau pour nous tous. Puis-je vous demander pourquoi vous vous êtes arrêté ?

Mon père commença à expliquer mais cela tourna court. Finalement, il dit :

— Lang Lang saura vous dire pourquoi.

J'essayai à mon tour, mais en vain. L'histoire était trop douloureuse.

5. Retour à la musique

Cher Lang Lang,

Tu nous manques beaucoup pendant nos répétitions. D'autres enfants jouent du piano, mais aucun aussi bien que toi.

Nous espérons que nous ne t'avons pas blessé d'une manière ou d'une autre sans le vouloir. Si c'est le cas, nous te faisons toutes nos excuses. Tu joues magnifiquement bien et ton jeu nous donne envie de chanter magnifiquement bien. Nous t'envoyons un petit cadeau qui te dira combien nous souhaitons ton retour.

Tes amis de la chorale.

Cette lettre était signée de chaque enfant de la classe, et ils y avaient joint le dernier Transformer en date. Ils savaient que je les adorais.

Je ne dis rien à mon père mais j'en parlai à Han.

— Il faut que tu sois drôlement aimé pour que tes camarades te demandent ainsi de revenir.

— Ce n'est pas moi, dis-je, c'est mon jeu.

— Eh bien, mon garçon, ton jeu et toi c'est pareil.

— Oncle n° 2, demandai-je, penses-tu que je devrais me remettre à jouer ?

— Seulement si tu en as envie. Est-ce que tu en as envie ?

— Je n'ai pas envie de faire plaisir à mon père.

— Je comprends que tu en veuilles à ton père, dit Han. Mais il ne faut pas en vouloir au piano. Le piano n'y est pour rien. Tu aimes le piano et quand tu joues, tu donnes du bonheur aux autres, comme tu le fais avec tes camarades de classe.

Je déclarai à Han que je pouvais reconsidérer l'accompagnement de la chorale à la condition expresse qu'il n'en dirait rien à mon père. Je voulais continuer à le punir, et j'avais peur qu'en apprenant mon retour vers le piano, il soit repris par sa folie, exigeant de nouveau que je travaille vingt heures d'affilée ou que je me jette du balcon. Han promit de garder le secret.

Cela faisait trois mois que je n'avais plus touché un piano. Je n'avais pas encore décidé de reprendre l'accompagnement de la chorale et je pensais que je ne risquais rien à venir faire un tour du côté de la salle où ils répétaient pour une compétition scolaire. Je m'étais dit que rien ne m'obligeait à entrer si je n'en avais pas envie, mais l'une des chanteuses m'aperçut au moment où je passais devant la porte.

— Lang Lang ! s'écria-t-elle. Tu es revenu jouer avec nous !

Je tentai de lui expliquer que je n'en étais pas sûr mais elle était trop excitée pour m'écouter.

— Lang Lang est revenu ! cria-t-elle. Lang Lang est revenu !

Ils m'expliquèrent que si je ne les accompagnais pas, ils n'avaient aucune chance de gagner la compétition.

Personne d'autre ne pouvait les accompagner dans cette école provinciale.

Les autres gosses se ruèrent dans le couloir et m'encerclèrent. Un garçon très gentil, que je n'oublierai jamais, était bègue.

— La-la-la-la-lang-lang est de r-r-r-etour ! s'écria-t-il.

Ils me prirent par la main, me conduisirent au piano et me tendirent le second mouvement de la *Sonate 330* de Mozart. Que pouvais-je faire ? À l'instant où mes doigts se posèrent sur les touches, j'eus des frissons. Le poids de ma colère, tout mon ressentiment et ma frustration s'envolèrent et, soudain, je flottai sur la brise de la musique de Mozart. Avec les enfants autour de moi, je n'avais plus envie de m'arrêter. Le Lang Lang amer et le souvenir de Mme Sévère s'évaporèrent. Pour la première fois depuis des mois, je souriais. Quand finalement mes mains se levèrent du clavier, mes camarades applaudirent et m'en redemandèrent.

Cet après-midi-là, la chorale et moi répétâmes une heure supplémentaire. Quand j'arrivai à la maison, mon père ne dit pas un mot sur mon retard. J'étais transporté de joie mais je ne pouvais pas partager ce bonheur avec mon père. Je le haïssais toujours autant.

Lorsque je me retrouvais seul dans l'appartement, je jouais un petit morceau, disons de Haydn, simplement pour me remonter le moral. Mais dès que je sentais mon père approcher, je m'arrêtais. S'il me demandait : « Est-ce que je t'ai entendu jouer, Lang Lang ? », je ne répondais pas, conscient que mon silence ajoutait à sa souffrance.

— Quand te remettras-tu à jouer ? demandait-il.

Je m'obstinais à ne pas répondre.

— Lang Lang, réponds-moi ! hurlait-il.

Je lui tournais le dos.

C'est alors que quelque chose de l'ordre du miracle se produisit. Peut-être le mot « miracle » est-il un peu fort, mais à ce moment-là, la chose apparut comme telle.

Au retour de l'école, sur le chemin de la maison, je songeais à la dernière bande dessinée *Dragon Ball Z* qui me faisait tellement envie et au fait que je n'avais pas d'argent pour l'acheter. J'avais bien envisagé d'aller voir Oncle n° 2 sur son étal pour lui en emprunter, mais Han nous avait déjà tant donné que le solliciter encore pour une bande dessinée me semblait exagéré. Je rentrai donc directement à la maison.

En arrivant dans le couloir sur lequel donnait notre appartement, il me sembla entendre une voix familière. Plus je me rapprochais de notre porte et plus cela se confirmait. J'avais pourtant du mal à le croire. Là, dans notre appartement, se trouvait le professeur Zhu en train de parler avec mon père. Je l'embrassai, les larmes coulant sur mes joues. Elle venait de rentrer d'un voyage à Dallas, où elle avait été invitée à passer une année comme professeur et où elle avait séjourné avec sa fille qui vivait là ; dès son retour, elle avait contacté mon père qui avait cherché à la joindre. Mes premiers mots furent pour lui demander si elle pensait que j'avais du talent.

— Bien sûr que oui.

— Pourtant, le professeur m'a renvoyé. Elle disait que j'étais un très mauvais pianiste.

— Elle a fait une grave erreur, Lang Lang. Elle s'en apercevra bientôt. Maintenant que je suis rentrée, nous allons te trouver un nouveau professeur.

— Ici au conservatoire ?

— Oui, bien sûr.

— Et le nouveau professeur m'acceptera alors que j'ai été renvoyé par Mme Sévère ?

Le professeur Zhu m'expliqua qu'elle avait déjà parlé avec un couple, Zhao Ping-Guo, un éminent professeur de piano, et sa femme tout aussi réputée, le professeur Ling, chef du département de piano, et qu'ils étaient impatients de m'entendre. Je devrais leur faire une démonstration, et ils décideraient ensuite lequel des deux serait mon instructeur. Et elle offrit de me donner quelques cours en vue de me préparer pour l'audition. Je m'assis au piano et commençai à jouer pour elle. J'avais le sentiment de jouer merveilleusement et le professeur Zhu le sentait aussi. Elle me prodigua louanges et encouragements comme elle l'avait toujours fait, et cela me fit du bien de me retrouver avec quelqu'un qui enseignait avec amour. C'était une sensation que j'avais fini par oublier.

Ce soir-là, le professeur Zhu dîna avec nous. Après une autre longue leçon, je grimpai dans mon lit et fermai les yeux ; pourtant, malgré la fatigue, le sommeil tarda à venir. J'étais trop excité. Les événements de la journée défilaient dans mon esprit. J'avais notamment surpris des propos échangés entre mon père et le professeur Zhu, qui m'apprirent des choses qu'il ne m'avait jamais dites.

— Dites-moi ce qui s'est passé, avait demandé le professeur à mon père. Pourquoi cette femme a-t-elle renvoyé Lang Lang ? Ce n'est certainement pas parce qu'il manquait de talent.

— Elle avait entendu des rumeurs à mon sujet, et malheureusement, elle les a crues.

— Quel genre de rumeurs ?

— Que j'étais lié avec des criminels. Que j'avais un passé crapuleux à Shenyang.

— Mais vous étiez policier à Shenyang, vous ne

collaboriez pas avec les criminels puisqu'au contraire, vous luttiez contre eux. Elle aurait dû s'en tenir aux faits.

— Bien sûr. Malheureusement, ça n'a pas été le cas.

— Qui a répandu de telles rumeurs ?

— Des amis pianistes de Shenyang.

— Je ne les appellerais pas des amis, avait dit le professeur Zhu.

— D'anciens amis, avait rectifié mon père. Des gens jaloux qui ont compris que si Lang Lang était admis au conservatoire, il risquait de leur faire de l'ombre.

Le professeur Zhu avait demandé à mon père de l'écouter avec attention. Elle lui avait fait part de sa certitude que le professeur Zhao ou le professeur Ling m'accepterait comme élève et il ne faisait aucun doute pour elle que je serais admis au conservatoire.

— Cependant, vous devez comprendre, Lang Guoren, qu'en raison de l'immense talent de Lang Lang, les défis ne vont pas s'arrêter là. Il suscitera inévitablement des jalousies, et pas seulement de la part d'étudiants, mais aussi de la part d'enseignants compétitifs. Dans un monde idéal, les institutions devraient être dégagées de ces mesquineries envieuses ; malheureusement, ce n'est pas le cas. Les parents aisés ont un grand avantage puisqu'ils peuvent acheter la faveur d'un enseignant ou même, pour un concours, d'un juge. Alors que vous, vous n'avez que votre ténacité et votre désir de protéger votre fils. Il vous faudra surveiller de près tout ce qui se passera au conservatoire et vous assurer que ses études ne seront pas compromises.

— J'ai bien l'intention de m'y consacrer entièrement.

— Seul, avait dit mon professeur, je doute que Lang Lang puisse se débattre dans cette jungle, mais avec vous à ses côtés, il a des chances d'y arriver.

— Je suis là, avait répondu mon père. Je suis aux côtés de mon fils. Rien ni personne ne pourra m'en éloigner.

6. Neuf mois

Nous étions en automne et mon audition pour le conservatoire devait avoir lieu en été. J'avais neuf mois pour me préparer avec mon nouvel instructeur, le professeur Zhao. Mon père s'était trompé de jour pour l'audition. Le couple m'avait attendu tout l'après-midi du jour précédent et quand nous étions arrivés le lendemain, le professeur Zhao était en train de travailler avec un autre élève. Pourtant, après avoir terminé son cours, il avait bien voulu m'auditionner et avait ensuite accepté de me prendre comme élève.

Nous avions entendu dire que les candidats au conservatoire étaient plus nombreux que jamais cette année-là, pas loin de trois mille. Avec douze admissions seulement. Et malgré tout, mon père ne se considérerait satisfait que si je sortais numéro un.

— En dehors de la première place, répétait-il, il n'y a pas de victoire.

Je prenais ses paroles très à cœur. Nous nous étions réconciliés. Ce ne fut pas une réconciliation facile, ni complète, mais nécessaire. Une partie de moi ne pouvait cesser de le haïr pour ce qu'il m'avait fait, pourtant – je n'y pouvais rien ! – une autre partie reconnaissait que je souhaitais la même chose que lui : être numéro un. Je voulais l'emporter sur les meilleurs enseignants des meilleures écoles et sortir toujours premier des dernières compétitions. Malgré nos différences de caractère, mon père et moi partagions une même obsession. Son énergie était immense, la mienne aussi, et je savais que j'avais besoin de lui.

Sans en avoir parlé, nous avions une nouvelle entente. Nous avions survécu à un professeur et maintenant, grâce au professeur Zhu, nous en avions un autre qui ne manquait ni de connaissances ni d'influence. La femme du professeur Zhao était stricte et intimidante et je me réjouissais de ne pas l'avoir comme enseignante, mais son mari était beaucoup plus doux. Il avait étudié en Russie et était imprégné de la musique et des méthodes pédagogiques de ce pays. C'était un bel homme ; toujours soigneusement coiffé comme s'il devait faire une apparition télévisée et élégamment vêtu, il avait fière allure. Ses manières accommodantes me convenaient parfaitement. Il parlait avec douceur et n'était jamais menaçant. Quand je venais le voir pour mon cours du mardi, sa seule critique était relative à ma trop grande nervosité.

— En ce moment, avec ton excellente technique, tu cours après la musique. Ce n'est pas comme ça que ça marche. Il faut laisser la musique venir à toi et te traverser. Ne retiens pas ton souffle. Respire naturellement. Relâche tes bras quand tu joues. Essaie de lâcher prise.

Pour moi, le concept du « lâcher prise » était difficile à saisir : le « relâchement » ne faisait pas partie de mon approche de la musique. Je recherchais au contraire les difficultés. Plus un morceau était difficile à apprendre, plus il augmentait mes chances de réussite. Que pouvait donc signifier ce « relâchement » ?

Le professeur Zhao m'expliquait que, de la même manière qu'on respirait naturellement, jouer du piano pouvait venir naturellement. En mettant trop de conscience dans l'acte de respirer, on pouvait perturber ce rythme naturel ; de même, en mettant trop de conscience dans l'acte de jouer, je risquais d'entraver mon instinct et mes dons naturels.

— Toute la question est de laisser circuler en toi un flux qui est autant dans la musique qu'en toi-même, me disait-il.

« Efforce-toi de ne pas t'efforcer » fut ma nouvelle devise. Et, peu à peu, je finis par l'assimiler.

Mon père faisait des efforts. Il avait pris conscience de la terrible faute qu'il avait commise et, à sa façon, il essayait de rattraper son moment de folie. S'il continuait à ne pas sourire et à me traiter de paresseux, il semblait aussi comprendre que notre relation ne pouvait pas se limiter seulement au piano. Un après-midi, il avait ramené deux raquettes de ping-pong et une balle et nous avions passé une heure ou deux à courir après la balle qui rebondissait contre les murs de brique irréguliers de notre appartement.

— Je vois que tu travailles dur pour tes cours avec le professeur Zhao, me dit-il. Après deux ou trois heures, c'est une bonne idée de se reposer. Nous jouerons au ping-pong pendant ces pauses. Ainsi, tu auras un regain d'énergie pour t'entraîner encore davantage.

Le ping-pong relâchait un peu la tension entre nous, comme le fit l'arrivée de mon cousin, Yi Feng Lang.

Le fils du frère de mon père, Yi Feng, qui avait six mois de moins que moi, était venu de Shenyang pour vivre avec nous car il avait, lui aussi, un grand talent musical comme clarinettiste. Son arrivée me remplit de joie. Il était comme un frère pour moi. Nous avions beaucoup d'intérêts en commun et avions aussi, comme tous les cousins, de grandes différences.

Yi Feng, à l'âge de dix ans, se conduisait déjà comme un adolescent. Il adorait s'amuser, détestait travailler et faisait tout ce qu'il pouvait pour y échapper. Ses amis étaient tous des joueurs de cuivres et d'instruments à vent et ils n'avaient pas besoin de faire la moitié du travail que faisaient les pianistes ou les violonistes, c'est du moins ainsi que je voyais les choses. Et comme Yi Feng était sous l'autorité de mon père, il prit sur lui une partie de la pression que mon père faisait peser auparavant sur moi seul. Je devins le bon élève appliqué et Yi Feng le médiocre. Plus mon père criait sur lui, moins il criait sur moi. Qui pouvait me taxer de paresseux alors que Yi Feng en faisait le moins possible ?

Si l'arrivée de mon cousin changea considérablement la dynamique de notre foyer, une chose pourtant ne variait pas : ma détermination à obtenir l'admission au conservatoire.

Quand le temps devenait trop chaud, mon père remplissait une cuvette d'eau pour me rafraîchir les pieds pendant que je travaillais. Si j'avais une baisse d'énergie, il m'éventait avec une revue, parfois pendant trois heures d'affilée. Quand le temps devenait froid, il ne se contentait pas de me couvrir avec mon manteau, il me donnait aussi le sien. Si mes doigts étaient engourdis, il les frottait jusqu'à ce que le sang se remette à circuler.

Mais surtout, mon père était devenu mon agent secret. Vêtu de son uniforme de Shenyang, il parvenait à s'introduirc dans dcs cndroits du conscrvatoirc normalcment interdits aux parents. Il s'arrangeait pour accéder aux programmes et voir les master classes où il pourrait se faufiler. Si un vigile le surprenait et l'escortait vers la sortie, il s'attardait dans le hall et rentrait à nouveau discrètement après le départ du vigile. S'il se faisait sortir une seconde fois, il restait à l'extérieur de la salle et collait son oreille à la porte pour entendre ce qu'on y jouait et ce qu'il s'y disait. Il faisait de même pour le cours particulier d'un professeur renommé.

Le soir, il me rapportait ses trouvailles et elles m'étaient toujours utiles. Par exemple, s'il avait pu assister à une master class où le professeur présentait une interprétation de Chopin avec un phrasé plus lyrique, il pouvait m'expliquer cette approche et rester patiemment assis pendant que je mettais la leçon en pratique.

— Il ne suffit pas de suivre l'enseignement du professeur Zhao, disait-il. Il n'est jamais qu'un professeur parmi d'autres. Il a une bonne approche, mais si nous connaissons aussi les autres approches et si nous les mettons en pratique, avec ta technique, tu seras le numéro un.

Mon cousin Yi Feng écoutait ces discussions avec amusement.

— Vous deux, vous êtes tellement sérieux, Lang Lang, me disait-il. On dirait que la terre entière est suspendue au fait que tu sois numéro un.

— C'est le cas, répondais-je.

— Et si tu échoues ? demandait-il.

— Il faut que j'y arrive. J'y arriverai.

Et là-dessus, je me remettais au travail.

J'avais finalement retrouvé la forme ; pourtant, même dans les moments les plus heureux, il me restait un fond d'inconsolable tristesse. Le Nouvel An chinois approchait, un congé qui est même accordé aux ouvriers d'usines pour rentrer chez eux, et j'avais terriblement envie de le passer avec ma mère et mes grands-parents, à manger des boulettes et à regarder le Spring Show à la télé avec mes cousins, une tradition du Nouvel An. Cela faisait bientôt six mois que je n'avais pas vu ma mère.

— Ne pouvons-nous pas aller à la maison pour un jour ou deux ? demandai-je à mon père.

— Non, tout ce temps dans le train sera du temps en moins pour t'entraîner.

— Et si c'était maman qui venait ?

— Non.

— Pourquoi pas ? Je suis sûr qu'elle a envie de me voir.

— Parce qu'il faut qu'elle travaille.

— Elle ne peut pas s'absenter ?

— Non.

— Même pour une journée ?

— Si elle venait ici, elle compromettrait tes chances d'être admis au conservatoire, s'obstina mon père. Elle te distrairait. Elle te dorloterait et t'affaiblirait avec les sentiments. En ce moment, tu t'aguerris et tu dois continuer. Son amour ne ferait qu'affaiblir tes résolutions.

Au marché de primeurs, je m'étais plaint à Oncle n° 2 et l'avais supplié de convaincre mon père de changer d'avis. Lui allait dans sa famille pour les vacances et j'avais pensé l'apitoyer. Mais Han me dit simplement ce que je savais : que mon père était un homme entêté. Han m'avait raconté un film américain intitulé *Rocky* dans lequel un champion de boxe subit un entraînement en vue d'un grand match. Sa seule pensée, chaque jour, est de courir, de faire ses exercices, de frapper sur le sac et de boxer. Il ne peut se permettre la moindre distraction.

Oncle nº 2 m'avait comparé à Rocky, et avait comparé mon père à son entraîneur, qui avait pour mission de le tenir à l'écart des autres.

— Même de ma mère ? avais-je demandé.

— Même de ta mère.

Je savais que Han avait raison mais cela n'allégeait pas ma peine. Rien d'autre ne pouvait l'alléger que de revoir ma mère.

7. La feuille rouge

Nous étions à une semaine des examens et jamais je n'avais été aussi nerveux. À peu près trois mille étudiants seraient recalés à l'admission au cinquième niveau et douze seulement seraient acceptés. Des enfants venus de toute la Chine seraient auditionnés, y compris des vedettes locales de Pékin, certains jouant déjà avant que je sois né, certains avec des réputations bien supérieures à la mienne, avec plus de victoires à leur actif et plus de confiance en eux, des candidats dont les familles étaient riches et avaient des relations.

Je travaillais plus que jamais. Quand j'étais trop nerveux pour m'endormir, je m'entraînais, parfois jusqu'à minuit. Durant l'une de ces soirées de travail, une histoire que Mme Sévère m'avait racontée me revint en mémoire et cela me perturba tant que je réveillai mon père.

— Mme Sévère faisait passer une audition, racontai-je à papa, et l'une des candidates était en train de jouer *Le Clavier bien tempéré* de Bach. Soudain, au milieu dc l'audition, le téléphone a sonné. Le directeur de l'école voulait joindre l'un des membres du jury et l'on demanda donc à l'étudiante de s'arrêter. Quand le juge raccrocha, l'étudiante fut sommée de recommencer à jouer à l'exacte demi-mesure où elle s'était arrêtée.

Je fis part à mon père de mon inquiétude : il pouvait s'agir d'un piège voulu par le jury pour tester la maîtrise technique du candidat. J'avais peur que cela m'arrive.

Mon père était de mon avis. Il proposa qu'on se prépare à cette éventualité : il m'interromprait à différents moments, j'attendrais cinq minutes et je reprendrais ensuite au point exact où je m'étais arrêté. Ainsi, nous serions prêts.

L'exercice de « l'arrêt-sur-note » devint un classique de mon entraînement. Quand je maîtrisais cette technique, je reprenais confiance en moi et tout semblait aller pour le mieux. Mais ensuite, je me souvins que Mme Sévère ferait partie du jury.

— Elle ne voudra jamais m'accepter ! Elle pense que je n'ai pas de talent !

— Elle n'est pas la seule à juger, me rassura papa. Il y en a d'autres qui n'ont pas de préjugés. C'est eux qui l'emporteront. En outre, cela fait un an qu'elle ne t'a pas entendu jouer. Tu as énormément progressé. Tu arriveras à la convaincre.

Je n'y croyais pas. Et puis, autre chose me préoccupait : nous n'avions jamais dit au professeur Zhao que j'avais étudié avec Mme Sévère. Quand il m'avait aidé à remplir les formulaires pour l'examen d'admission, j'avais mentionné dans la liste des anciens enseignants le professeur Zhu, mais pas Mme Sévère. Je me remémorais ce qui était arrivé à mon père quand il avait posé sa candidature au conservatoire et qu'il avait été refusé parce qu'il avait menti sur son âge.

Mon père tenta de balayer mes inquiétudes en me disant que je ne devais pas confondre ma vie avec la sienne. Il m'assura que j'allais être excellent à cette audition et qu'il fallait que je m'apprête à jouir d'une longue et brillante carrière. Cette nuit-là, pourtant, je ne pus m'endormir. Le jour suivant allait être le plus important de ma vie ; tout ce sur quoi nos efforts s'étaient concentrés, tous les sacrifices de ma famille, tout dépendait de cette journée. Mon esprit était en ébullition ; j'imaginais l'immense déception et l'humiliation que je ressentirais en cas d'échec, et auxquelles mon père ne pourrait pas survivre.

— Viens dans mon lit dormir à côté de moi, dit mon père.

Je me glissai auprès de lui.

— Tu veux bien me prendre dans tes bras ?

C'était la première fois de ma vie que je demandais de l'affection à mon père. Dans ses bras, j'arrivai à faire taire le vacarme dans ma tête, à fermer les yeux et à retrouver mon calme. Cette nuit-là, je dormis comme un bébé.

Je me réveillai avec le soleil. Je voulais partir très tôt pour arriver au conservatoire avant les autres et papa était d'accord.

Assis à l'arrière du vélo, je regardais la ville défiler sous mes yeux : les voitures, les camions, les bus, les deux-roues, les vieux, les jeunes, les policiers, les ouvriers, les employés de bureau en costume-cravate et les colporteurs déguenillés. Je n'entendais rien d'autre que la musique que je m'apprêtais à jouer : Bach, *Sur les touches noires* de Chopin et une pièce russe de Glinka appelée *Le Rossignol*. Au-dessus de la musique, je convoquai la figure tutélaire du Roi Singe. Le Roi Singe, mon ami, mon héros, m'accompagnait à l'audition. Le Roi Singe, qui résolvait tous les problèmes et remportait tous les combats, serait assis à mes côtés sur le banc du piano. Le Roi Singe ne pouvait être vaincu, et je ne le serais pas davantage.

À notre arrivée au conservatoire, une centaine de gamins accompagnés de leurs parents faisaient déjà la queue. En les regardant, je ne voyais que des prodiges : *Ce garçon là-bas a l'air d'un génie. Cette fille qui se tient derrière lui doit elle aussi être un génie. Chacun d'eux s'est entraîné plus longtemps que moi et avec plus d'intensité. Les professeurs vont s'apercevoir que j'ai menti dans le dossier de candidature. Je vais être renvoyé avant même d'avoir pu jouer. Mme Sévère va m'éliminer dès la minute où elle va me voir. Elle va hurler : « Lang Lang n'a aucun talent ! Je le lui ai dit l'an passé et il ne m'a pas crue ! Renvoyez ce gamin à Shenyang ! »*

Je me mis à trembler tandis que nous prenions notre tour dans la queue. Mon père me prit la main, la serra et me chuchota :

— Tu peux trembler tant que tu veux pour l'instant, mais quand tes mains toucheront le piano, tu ne devras plus trembler et tu devras accomplir ce pour quoi nous sommes ici. Comprends-tu ?

Je hochai la tête. J'étais trop nerveux pour parler.

La queue avançait à la vitesse d'un escargot. Ce n'est qu'au bout de deux ou trois heures que je pus dire quelques mots à mon père.

— Il y a tant de candidats, murmurai-je. On dirait que toute la Chine est là.

— Pour faire partie du premier groupe de candidature, c'est facile, m'expliqua-t-il. Il suffit d'envoyer un enregistrement sur cassette. S'il semble acceptable aux juges, ils vous laissent venir ici pour jouer. Parmi ces milliers de candidats, seuls quarante seront conservés.

Finalement, nous arrivâmes à l'entrée du bâtiment. À l'intérieur commençait alors une nouvelle attente interminable pour pénétrer dans la pièce qui jouxtait le terrain de basket. Mètre après mètre, nous nous rapprochions de cette pièce. Bientôt, je pus entendre les étudiants jouer. Certains jouaient bien, d'autres pas. J'essayais de ne pas les écouter et de me concentrer sur la seule musique que j'avais préparée, celle qui était dans ma tête et qui allait décider de mon avenir.

Quand les enfants qui avaient déjà auditionné sortaient de la salle, ils ne s'adressaient pas à ceux qui attendaient encore. Seule une fille nous confia :

— J'ai affreusement mal joué. Tout le monde joue affreusement mal. Les juges vous fusillent du regard.

À ces mots, le souvenir de ma seconde compétition à Taiyuan, celle où j'avais échoué, me revint en mémoire. Certains des gamins qui étaient passé avant moi avaient eu des paroles similaires :

— J'ai mal joué... Tout le monde fait des erreurs... C'est horrible.

Ils avaient essayé de me faire peur, tout comme cette fille. En fait, elle me disait : « J'ai été mauvaise et tu le seras aussi. »

Quand je pénétrai finalement dans la pièce, la première personne que je vis, assise parmi les juges, était Mme Sévère. Je ne pouvais pas la regarder dans les yeux mais je la sentais qui me foudroyait du regard et j'étais terrorisé. Après que mon père m'eut donné sa traditionnelle tape d'encouragement dans le dos, je marchai droit vers le grand piano, fit une courbette aux juges et m'assis. Je me figurai le Roi Singe assis à mes côtés, et me mis à joucr.

Une fois que j'eus terminé, je n'étais pas sûr de la

qualité de ma prestation. Mon père et Oncle n° 2 ne cessaient de me rassurer :

— Tu feras partie des quarante sélectionnés, disaient-ils, il n'y a aucun doute.

Pourtant je doutais. Et si Mme Sévère avait réussi à retourner tout le monde contre moi ? Et s'ils découvraient que mon dossier de candidature ne la mentionnait pas sur la liste de mes enseignants ?

Deux jours passèrent avant que le conservatoire n'affiche les noms de ceux qui avaient passé le premier tour. La tradition consiste à punaiser une feuille rouge sur un panneau d'affichage avec la liste des quarante noms inscrits à l'encre, en caractères gras et noirs.

Lang Lang était sur la liste.

Voir mon nom sur cette feuille rouge, la couleur de la chance en Chine, me procura un immense soulagement. Mme Sévère ne m'avait pas descendu. J'avais passé la première épreuve mais le plus dur était à venir. Parmi les quarante candidats, seuls douze allaient être admis. Néanmoins, il ne serait même pas suffisant d'être parmi ceux-là, car seuls les sept premiers obtenaient une bourse. Et sans elle, je n'avais pas les moyens de suivre le conservatoire. Être huitième ne valait pas mieux qu'être deux mille cinq centième.

Qui plus est, la seconde série d'épreuves exigeait davantage que le jeu. Il y avait aussi une épreuve écrite sur la théorie et une dictée harmonique. Un enseignant jouait un accord et, le dos tourné, il fallait le nommer : un accord de trois sons, un accord de septième, un accord dissonant, un accord augmenté. Ensuite, il y avait le supplice du modèle rythmique : un juge faisait une rapide démonstration, et il fallait la reproduire. Ce n'était pas mon fort ; c'était donc un grand sujet d'inquiétude et j'avais plusieurs jours devant moi pour m'inquiéter.

On attribua aux quarante étudiants de la finale des pièces du conservatoire pour pouvoir répéter les morceaux. Comme les parents étaient interdits sur le campus, les mères, ainsi que les pères et parfois les grands-parents, se tenaient à l'extérieur et criaient leurs encouragements, leurs critiques ou leurs conseils à travers les fenêtres. En raison de la politique de l'enfant unique, chacun était investi de la charge de réaliser le destin familial.

« Tu joues trop vite ! » « Tu joues trop lentement ! » « Tu joues n'importe comment ! »

Certains candidats, indifférents à toute l'affaire, jouaient du piano de la main droite et aux cartes avec un ami de la main gauche. Certains parents, qui n'étaient pas musiciens, criaient des instructions en direction d'une pièce erronée, confondant le jeu d'un autre avec celui de leur enfant. Mais pas mon père : jamais il ne confondit mon jeu avec celui d'un autre. Il connaissait mon toucher, mon style, mon phrasé. Il me connaissait mieux que moi-même et quand il criait des instructions : « Rejoue ce mouvement, Lang Lang, mais cette fois, plus *legato* », je l'écoutais.

Durant les jours qui précédèrent le second tour d'épreuves, on m'assigna une pièce éloignée des portes, ce qui me défavorisait puisque mon père ne pouvait pas m'entendre et me crier ses conseils.

— Essaie d'échanger ta place avec un candidat qui est plus près, me suggéra mon père après le premier jour. Il faut que je t'entende jouer.

Le lendemain, je parcourus le corridor en demandant à plusieurs candidats d'échanger leur place avec moi, mais ils ne voulaient pas en entendre parler.

Naturellement, ils voulaient tous la même chose que moi – écouter les critiques de leurs parents – et la compétition était féroce. J'étais sur le point d'abandonner et presque décidé à ne pas frapper à la pièce la plus proche de la porte d'entrée. À quoi cela pouvait-il servir ? J'étais fatigué des regards mauvais. Pourtant, je frappai quand même et quand la porte s'ouvrit, je reconnus celui qui me faisait face. Il venait de Shenyang et était sorti deuxième quand j'avais gagné le concours local à l'âge de cinq ans. Il était plus vieux que moi et déjà étudiant au conservatoire.

— Lang Lang ! s'exclama-t-il. Bien sûr que tu peux venir dans cette pièce. Il faut absolument que tu sois à proximité de ton père. Il faut qu'il puisse t'aider.

Son geste eut pour moi une grande signification. Dans ce coupe-gorge qu'était le conservatoire, certains étaient encore capables de gentillesse et, comparé à toute la jalousie et aux calomnies que mon père et moi avions eu à subir de la part de nos « amis » de Shenyang, cet acte de générosité prenait d'autant plus de valeur.

Mon père savait que le morceau central du second tour d'audition, une sonate de Mozart, exigeait une sensibilité particulière et, en hurlant ses instructions, il m'aida à la parfaire. Cela peut sembler drôle, et même paradoxal, mais c'est pourtant ce qui arriva.

Malgré la confiance en moi que j'avais retrouvée, je me sentais nerveux. Après tout, c'était ainsi – marche ou crève. À la veille de ma nouvelle convocation, je retournai dans le lit de mon père et lui demandai de me prendre dans ses bras. Pourtant, cette fois, même dans la chaleur protectrice de son étreinte, j'eus un sommeil agité, taraudé par la crainte de rater ma chance, comme mon père bien des années auparavant.

Nous nous réveillâmes à l'aube et, vers midi, nous étions au conservatoire. À 13 heures, je devais passer les épreuves théoriques et à 15 heures, après que mon père m'eut donné sa tape dans le dos, je m'inclinai devant les juges – y compris Mme Sévère – et commençai à jouer. Pendant trente minutes, je jouai mieux que je n'avais jamais joué de ma vie.

Cette nuit-là, je rêvai que des dragons me poursuivaient. Je traversais des incendies et volais dans les airs. Je bondissais par-dessus les nuages noirs et allumais des éclairs pour faire fuir des monstres. C'est alors qu'un orage bien réel me tira du sommeil. Un violent orage d'été s'était abattu sur Pékin et le temps de nous rendre à bicyclette au conservatoire, nous étions trempés. Oncle nº 2 devait nous retrouver sur place ; il tenait à être présent pour l'annonce des résultats.

Han d'un côté et mon père de l'autre, je me dirigeai vers le bâtiment principal. Au bout du couloir, je voyais la feuille rouge et j'entendais aussi des enfants et des parents pleurer. Certains juraient. Subitement, je flanchai. Je ne pouvais me résoudre à aller voir si mon nom se trouvait parmi les douze meilleurs, sans même parler des sept meilleurs. Papa et Oncle nº 2 me devancèrent, trottant d'abord puis courant carrément. Je les observai parcourir la liste de bas en haut.

Silence.

Puis un cri.

— Lang Lang ! s'écria Oncle nº 2. Tu es numéro un !

Pour la première fois depuis que nous étions à Pékin, c'est-à-dire depuis dix-huit mois, je vis mon père sourire.

Je me mis à sauter dans tous les sens et courus pour voir mon nom en haut de la feuille rouge. Quand je le vis, je poussai le plus grand cri de toute mon existence.

J'avais besoin de serrer quelqu'un dans mes bras. Et c'est Oncle n° 2 que je serrai et non pas mon père. Puis, nous envoyâmes un télégramme à ma mère pour lui annoncer la nouvelle.

8. Toujours recommencer

— La compétition ne fait que commencer, déclara mon père.

— Que veux-tu dire ? demandai-je. Je viens de sortir numéro un.

— Oui, c'est ton classement pour l'école. Et c'est très bien.

— Plus que bien, repris-je. C'est formidable. Les frais de scolarité nous seront payés et à partir de maintenant, mes cours avec le professeur Zhao seront gratuits.

— Lang Lang, une victoire n'est pas suffisante. D'ailleurs, tu n'as pas gagné un championnat. Tu n'as obtenu que ton admission au conservatoire.

— Mais c'est tout ce pour quoi nous avons travaillé.

Que pouvait-il vouloir de plus ?

— Il y a plus important, expliqua mon père. Une compétition qui se tient à Pékin. C'est la Compétition nationale de piano de Xing Hai et il faudrait qu'on s'y prépare dès maintenant.

Mon père m'avait promis que nous passerions quarante jours à Shenyang après l'admission aux examens. Je n'étais pas rentré chez moi depuis deux ans.

Et voilà qu'il m'annonçait que nous n'irions que pour vingt jours. Il pensait que Shenyang offrait trop de distractions, alors même que nous avions conclu un accord au terme duquel je devais travailler quatre heures chaque matin et chaque après-midi pendant tout le temps que nous passerions là-bas. J'avais droit à deux heures par jour pour voir mes grands-parents, mes connaissances et mes amis.

Malgré ma déception, j'étais impatient de rentrer chez moi. Mon père avait tenu ma mère éloignée pendant les trois mois qui avaient précédé l'examen d'admission et, quel qu'en fût le prix, j'étais prêt à tout accepter pour sentir ses bras autour de moi. Je mourais d'envie de la voir.

Le vendredi matin où nous devions partir, le ciel s'ouvrit et des trombes d'eau noyèrent la ville tout entière. Nous étions attendus à Shenyang ce soir-là, mais la plupart des trains étaient soit annulés soit retardés. Ce n'est que le dimanche qu'il nous fut possible d'arriver à Shenyang. Ma mère n'avait pas eu de nos nouvelles et était anxieuse, nous imaginant noyés sous les flots. Quand elle nous vit finalement arriver, elle cria de joie.

Mais cette joie fut de courte durée. J'étais arrivé avec une mauvaise fièvre, si forte que je fus rapidement conduit à l'hôpital. Dans mon délire, je craignais de ne pas me rétablir, de ne plus jamais pouvoir jouer du piano, ni revoir mes amis.

— Bien sûr que tu vas te rétablir, disait mon père, debout à côté de mon lit.

Et pendant un court instant, j'eus le sentiment que seul mon bien-être, l'état de santé de son fils, comptait pour lui. Mais il continua :

— Aucune fièvre ne pourra t'arrêter. Rien ne peut

t'arrêter. Tu vas te rétablir et te remettre au travail et tu seras numéro un à la Compétition nationale de piano de Xing Hai.

Je faisais beaucoup de rêves durant ces journées enfiévrées. Dans certains, Bach s'adressait à moi. Il me parlait en chinois, m'encourageant à me battre contre la maladie et me pressant de guérir au plus vite afin de recommencer à m'exercer. Il émanait de lui une grande autorité qui me mettait en confiance, et surtout, j'étais très flatté que Bach me connaisse par mon nom.

Finalement, quand je quittai l'hôpital, Mlle Feng, mon institutrice bien-aimée, organisa dans sa classe une petite fête en mon honneur, où elle avait convié tous mes anciens amis. Ils étaient venus me féliciter de mon admission au conservatoire et, bien que ce fût une joie pour moi, je ne pouvais m'empêcher de penser à ce nouveau concours et à la quantité de travail que cela allait représenter pour être en mesure de gagner. La même chose se produisit lors de la visite à mes grands-parents. J'étais ravi de les voir et de sentir qu'ils m'adoraient, et en même temps, j'étais préoccupé par l'idée de devoir rentrer pour m'entraîner. J'avais perdu presque une semaine à l'hôpital et avais pris du retard sur le programme établi par mon père.

Tout d'abord, quand mon père avait mentionné les compétitions, j'avais eu des réserves. À présent pourtant, je n'en avais plus. Depuis que j'étais sorti numéro un des auditions, j'avais envie de réitérer l'exploit. J'avais pris goût à la victoire ; je savourais l'idée de vaincre tous mes rivaux.

Durant mon bref séjour chez moi, je pris quelques cours avec le professeur Zhu qui m'aida à choisir les morceaux que j'allais jouer pour la compétition de Xing

Hai. Comme toujours, elle m'apaisait et me remontait le moral.

— Lang Lang, disait-elle, tu dois garder un équilibre entre tes talents de pianiste et les distractions d'un garçon de ton âge. Tu ne dois pas oublier de jouer avec tes amis, de t'amuser avec tes jouets et de lire des histoires qui stimulent l'imagination.

— Je dois avant tout m'entraîner au piano, professeur Zhu, répondais-je.

— Est-ce toi qui parle ou ton père ? demandait-elle.

— La compétition n'est que dans un mois.

— Et après celle-ci, il y en aura une autre, et encore une autre.

— Et je dois être numéro un dans chacune d'elles.

— Eh bien, tu le seras peut-être mais pas forcément. Les compétitions ne sont pas toujours justes et ce n'est pas toujours le talent qui l'emporte.

Ce qui comptait avant tout, me disait-elle, était de transmettre aux autres la beauté de la musique. Les compétitions n'étaient que des tremplins. Quel que soit mon classement au résultat d'une compétition, mon talent ne pouvait pas disparaître.

Je savais que d'une certaine manière, le professeur Zhu avait raison. Mais mon père m'avait dit que si je n'étais pas numéro un dans la compétition de Xing Hai, il interdirait toute visite de ma mère à Pékin pendant une année entière, et je savais qu'il tiendrait promesse. Il fallait que je continue à m'entraîner. Il fallait que je gagne ; il me fallait ma mère à mes côtés. Et en plus, je voulais être numéro un.

Après vingt jours chez moi, en pleine forme, je retournai à Pékin et commençai à me préparer avec le plus grand sérieux. Comme j'étais officiellement un élève du conservatoire et un élément brillant, je devais jouer devant de nombreux professeurs, chacun d'entre eux me faisant ses propres critiques. De nouveau, mon père avait endossé son uniforme de police et se faufilait dans les couloirs de l'école. Quand il entendait les critiques faites aux autres élèves, il notait tout soigneusement. Il observait aussi les nouvelles techniques pédagogiques et m'en faisait profiter jusque dans les moindres détails. J'avais beau être maintenant un élève du conservatoire, mon père ne faisait confiance qu'à lui-même.

Il se lia d'amitié avec le membre le plus jeune de l'équipe enseignante, M. Zhang. Le conservatoire de Pékin était extrêmement traditionnaliste ; les professeurs les plus âgés étaient là depuis très longtemps et n'étaient pas enclins à porter beaucoup d'attention à un gamin sans moyens et sans relations. Le fait que je sois sorti premier des auditions n'y changeait rien – en réalité, cela suscitait même du ressentiment. Néanmoins, M. Zhang étant jeune et ne faisant pas partie de la hiérarchie établie, il sympathisa avec nous. Il avait l'esprit ouvert, un grand amour de la musique et une immense collection de CD. C'était aussi un auditeur de musique doté d'une compréhension comme je n'en avais jamais vue. Il percevait des nuances que ni moi ni mon père, si talentueux fût-il, n'entendions. Par-dessus tout, M. Zhang croyait en moi et, avec Oncle n° 2, il devint un membre officiel de la petite, mais très dévouée, équipe de Lang Lang. Grâce à ce soutien, je me sentais invincible et l'épreuve de Xing Hai m'apparut de moins en moins comme une compétition.

Un jour pourtant, j'appris qu'un étudiant nommé Yang, qui était dans la classe au-dessus de la mienne, allait participer à cette compétition et, pire, qu'il préparait le même morceau que moi : l'*Opus 740 nº 31* de Czerny. Yang était le garçon qui avait obtenu le grand prix de piano quand j'avais sept ans et que j'avais obtenu le chien jaune en prix de consolation. Il m'avait battu une fois. Pouvais-je le battre aujourd'hui ?

— Impossible ! me serinaient les enfants de ma classe. Il est meilleur que toi. C'est le numéro un du sixième niveau et le meilleur du sixième niveau bat toujours le meilleur du cinquième niveau. Tu n'as pas la moindre chance !

— Ne les écoute pas, disait mon père. Ils veulent te faire perdre confiance en toi pour te pousser à commettre des erreurs. Concentre-toi sur ton travail.

Pourtant, comment ne pas m'inquiéter alors que je subissais un nouveau coup du sort ? Parmi les vingt candidats, j'étais désigné pour passer en second. Or il est nettement plus avantageux de passer vers la fin plutôt qu'au début d'un concours, car on peut entendre ses rivaux avant d'auditionner.

— Je ne suis pas sûr d'y arriver, dis-je à mon père. Les candidats qui viendront après moi m'auront entendu jouer et pourront s'arranger pour faire mieux. Je ne vais pas pouvoir dormir cette nuit, je suis trop inquiet.

— Tu dormiras car je te prendrai dans mes bras. Tu dormiras bien. Quand tu te réveilleras, tu seras reposé et avant que tu ne montes sur l'estrade, je te donnerai une tape sur l'épaule, comme je le fais toujours. Tu joueras parfaitement, brillamment, et tu gagneras.

Huit cents personnes étaient venues assister à la compétition qui se tenait dans un auditorium sur le campus du conservatoire. Les juges étaient à peu près les mêmes que ceux qui avaient jugé les admissions. Mme Sévère était parmi eux. Elle n'avait pas réussi à empêcher que je sois numéro un la dernière fois, peut-être cette fois allait-elle arriver à me barrer la route.

Je jouai le Czerny, une valse de Chopin, un prélude et une fugue de Bach, une sonate de Beethoven et un morceau chinois. J'avais le sentiment d'avoir bien joué mais à cet instant, j'avais perdu toute objectivité. Sur scène, j'entendis les applaudissements de mon père, de Han, de M. Zhang et de mon cousin, mais dans ce grand auditorium, leurs applaudissements semblaient faibles comparés aux applaudissements de tonnerre pour les autres candidats, qui avaient convié des armées de famille et d'amis. Yang avait joué de manière exceptionnelle et, bien qu'il fût difficile de comparer ses talents aux miens, je ne pouvais oublier la fois où il m'avait battu.

Il fallait attendre le lendemain pour connaître les résultats. Il y aurait six gagnants : trois numéros trois, deux numéros deux et un numéro un. Le numéro un recevrait une télévision noir et blanc. Je la convoitais terriblement pour pouvoir regarder des dessins animés et le football.

Quand nous arrivâmes le lendemain au conservatoire, les résultats n'étaient pas encore prêts en raison, nous dit-on, de discussions entre les juges. Mon esprit se mit à tourner en roue libre. De quoi débattaient les juges ? Était-ce Mme Sévère qui menait campagne contre moi ? Nous avons attendu une heure de torture, puis deux, puis trois, puis quatre. Il était si tard que je n'arrivais plus à garder les yeux ouverts, aussi Oncle nº 2 me ramena à la maison. Papa et M. Zhang restèrent.

Je ne sais pas l'heure qu'il était quand je me réveillai, mais je me rappelle que je ne savais pas si je rêvais ou non quand je vis mon père penché sur moi, souriant.

— Numéro un, m'annonça-t-il.

— Suis-je en train de rêver ? demandai-je.

— Tu es bien réveillé et tu as gagné.

M. Zhang était debout à côté de mon père.

— Quand les juges ont fini par sortir, raconta M. Zhang, la femme que tu appelles Mme Sévère a été la première à nous voir. Je lui ai demandé qui avait gagné. « Lang Lang », m'a-t-elle répondu. « Avez-vous voté pour lui ? » ai-je demandé. « Oui, il a bien fallu : je ne pouvais pas continuer à nier son talent. »

9. Le maître de kung-fu de huit régions

Nous avions déménagé dans un quartier de Pékin encore pire que le précédent afin de nous rapprocher du conservatoire. Les murs de l'unique pièce où mon père, mon cousin et moi vivions étaient encore plus minces qu'avant et les souris les traversaient librement. La pièce ne voyait jamais le soleil et nous partagions les toilettes, toujours en mauvais état, avec cinq autres familles. En pénétrant dans l'immeuble, on était saisi par une odeur épouvantable. Le fait que les voisins ne soient pas des amateurs de musique n'avait rien pour surprendre.

Tout de même, j'étais heureux d'avoir de nouveau une télé et de pouvoir regarder le Brésil battre l'Italie aux tirs au but pendant la finale de la Coupe du monde. Mon père m'avait même autorisé à regarder les dessins animés chaque soir de 18 h 30 à 19 heures. Mais la meilleure récompense fut que mon père autorisa ma mère à venir nous voir à Pékin. J'imagine sa consternation en voyant notre nouveau quartier ; elle n'exprima pourtant aucune plainte. La première chose qu'elle fit fut de m'emmener au magasin de jouets pour m'acheter un nouveau Transformer.

Et pourtant, en dépit de la fierté qu'elle éprouvait à mon égard – ayant gagné la compétition, j'étais maintenant considéré comme le meilleur pianiste chinois pour les neuf à douze ans – et en dépit de la joie que sa visite me procurait, je n'arrivais pas à me détendre. Mon père continuait à pister chaque compétition et avait récemment entendu parler d'une compétition internationale qui devait se dérouler prochainement.

— Le national n'est rien, me disait mon père, c'est l'international qui compte.

Je suppliais ma mère de venir vivre avec nous mais elle me répondait que ce n'était pas si facile de trouver du travail à Pékin. Elle promit de venir nous rendre visite tous les deux ou trois mois. Entre-temps, on pouvait s'écrire.

— Ton père ne veut que le meilleur pour toi, me dit-elle. La plupart des pères ne se donnent pas autant de mal.

Je savais qu'elle avait raison. Papa était implacable, difficile et froid. Mais c'était aussi mon meilleur allié, ma force. Quand j'allais auditionner pour un concours et qu'il me donnait sa tape dans le dos, cela me donnait du courage. Avec mon père à mes côtés, je savais que j'avais une vraie chance d'être numéro un.

La Compétition chinoise internationale de piano était une expérience entièrement nouvelle. Quiconque ayant moins de dix-huit ans pouvait concourir et je n'avais pas encore onze ans. Mon père avait identifié mes trois principaux rivaux – tous faisaient partie du conservatoire : deux garçons, Zhai et Ming, et une fille nommée Hong. Ils interprétaient déjà des morceaux notoirement difficiles de Liszt et de Rachmaninov. Ils étaient bien avancés dans les dernières sonates de Beethoven alors que je ne faisais que commencer les premières. Je ne voyais pas comment j'aurais pu les battre.

— En t'entraînant encore plus, dit mon père.

— Il n'y a que vingt-quatre heures dans une journée !

— Concentre-toi davantage et tu progresseras, répondit-il. Tu dois considérer chaque heure de pratique comme une précieuse aubaine. Il ne faut pas en perdre une seule minute.

J'avais confiance en moi mais j'étais aussi réaliste. Zhai et Ming avaient déjà gagné des compétitions internationales et Zhai était sorti numéro un de la Compétition américaine Stravinsky. Je les avais souvent entendus jouer au conservatoire et ils étaient extraordinaires. Nous avions tous très envie de représenter notre conservatoire à la prochaine étape de la compétition mais pour cela, il nous faudrait arriver dans les quatre premiers. Cela n'allait pas être facile.

J'avais besoin d'une aide particulière et je la trouvai dans les livres audio d'un mystérieux maître de kung-fu, Tung Lin, qui me rappelait le Roi Singe. Chaque région de Chine a son propre maître, mais Tung Lin se nomme lui-même Maître de Huit Régions car il a adopté les techniques de chacun des maîtres et les a intégrées dans son style imbattable. Il règne sur tout le monde. En travaillant, je pensais à l'approche de Tung Lin. Dans ma tête, j'avais appelé Zhai, avec son incroyable technique et ses quatre ans d'ancienneté, Maître de la Région Nord. Ming était le Maître de la Région Sud. J'apprenais de mes rivaux comme Tung Lin avait appris des siens. Je pris à chacun ce qu'il avait de meilleur et l'incorporai dans mon style personnel. Je me déclarai leur supérieur : le Maître de Piano de Huit Régions, le Roi au Visage rose du Piano chinois.

C'était un jeu mais cela facilitait mon travail. Chaque jour, j'écoutais une nouvelle histoire de kung-fu racontant comment on devient le maître des maîtres et, tout en m'escrimant, je m'imaginais vivant ces aventures et participant à ces combats. Je savais que pour battre ces enfants, il me fallait un cœur de guerrier.

Maintenant, c'était la routine. Les semaines qui précédaient la compétition étaient folles : il y avait l'école et pour le reste, que ce soit en mangeant, en dormant ou en respirant, le piano était toujours présent. Aucun moment de repos. En permanence, les notes dansaient dans ma tête. Se concentrer sur un jeu sans défaut. Compter les jours, les heures et les minutes qui me séparaient de l'épreuve.

J'étais dépendant de ce qui était devenu notre rituel : la nuit précédente, je dormais avec les bras de mon père autour de mes épaules ; avant de monter, mon père me donnait une tape dans le dos ; et quand j'arrivais au piano, j'invoquais l'image d'un soldat compagnon. Avant, c'était le Roi Singe. Maintenant, c'était Tung Lin.

Pour la compétition, je jouai un rondo de Chopin et les critiques furent enthousiastes.

— Qui est ce petit garçon ?

— Mon Dieu, je n'arrive pas à le croire, il joue aussi bien que des enfants qui ont cinq ou six ans de plus que lui !

— D'où vient-il ?

— Il est remarquable.

Mais finalement, je sortis cinquième. Je ne faisais pas partie des quatre meilleurs qui allaient représenter le conservatoire dans les épreuves suivantes. J'étais éliminé. Zhai, Ming et Hong étaient sélectionnés ainsi qu'une autre fille qui, à mon avis, n'avait pas aussi bien joué que moi. Les juges avaient fait ce choix parce qu'elle avait presque dix-huit ans et que c'était sa dernière chance. J'aurais d'autres opportunités, disaient-ils, mais naturellement, je ne voyais pas les choses comme ça. Je pensais que le talent devait l'emporter, quelles que soient les circonstances.

— Tu étais sans aucun doute parmi les quatre meilleurs, affirma mon père, mais la vie est injuste. Tout ce qu'il nous reste à faire, c'est de continuer. Le professeur Zhao connaît une autre compétition internationale que nous pouvons commencer à préparer dès à présent. C'est une compétition plus importante que celle-ci.

Son calme m'étonna. C'était un peu comme s'il avait cessé de mettre en doute mes capacités et que maintenant, mon échec ne pouvait être que de la faute des autres, plus uniquement de la mienne.

Un mois plus tard, les quatre sélectionnés furent éliminés au tour suivant de la compétition, ce qui signifiait que le Conservatoire central de Pékin ne serait pas représenté dans les phases finales. Je ne pus m'empêcher de penser que moi, Maître de Huit Régions, j'aurais pu aller jusqu'aux finales et que les juges avaient fait une erreur en m'éliminant aussi vite.

Cependant, ma déception fut vite balayée par l'excitation de la prochaine compétition qui allait se dérouler en Allemagne. Pour la première fois de ma vie, j'allais pénétrer dans le pays enchanté de Beethoven, Bach et Brahms.

III

AU-DELÀ DE LA CHINE

1. L'Allemagne

C'était l'été 1994, j'avais douze ans et j'étais sûrement en train de rêver. L'Allemagne me paraissait trop étrange, trop exotique pour être réelle. Je me sentais à un million de kilomètres de la Chine, sur une planète où toutes les visions, toutes les odeurs étaient nouvelles et merveilleuses.

Avoir perdu le concours international de piano à Pékin m'avait brisé le cœur, mais la haute opinion des juges était quand même encourageante. Oncle nº 2 m'avait encore remonté le moral en me disant :

— Lang Lang, pense un peu à tout ce que tu as accompli ces six derniers mois. Tu as été numéro un aux auditions d'entrée du conservatoire. Tu as été numéro un au concours national. Et tu t'es très bien comporté dans ce dernier concours, face à des élèves beaucoup plus âgés que toi. Il y a six mois, personne ne savait qui tu étais. Maintenant, tout le monde te connaît.

Il n'avait pas tort mais j'avais encore beaucoup de chemin à faire. Je n'avais toujours pas gagné de concours international et c'était là le prochain objectif de mon père. Quand il me parla du Quatrième Concours international pour jeunes pianistes en Allemagne, c'était avec un tel optimisme que mes derniers doutes s'envolèrent.

Comme je n'étais pas arrivé dans les quatre premiers à Pékin, je n'avais pas droit à une aide de l'État pour payer le voyage. Mon père se démena sans relâche pour réunir l'argent afin que je puisse partir. Il en parla à ma mère et à beaucoup de nos parents, répétant que j'arriverais numéro un à ce concours, si seulement nous pouvions parvenir jusqu'en Allemagne. Finir numéro un dans une compétition internationale changerait tout pour moi, à en croire papa. Je me retrouverais catapulté dans la catégorie supérieure, prêt pour de plus grandes choses encore.

Cela prit quelques semaines, mais mes parents parvinrent à réunir les cinq mille dollars nécessaires – trois mille empruntés à notre famille et deux mille à une banque – y compris les frais de voyage du professeur Zhao. Mon père pensait que j'aurais de meilleures chances de gagner si mon professeur nous accompagnait à l'étranger pour continuer à me faire travailler. Avec ce poids reposant sur mes épaules, je ne pouvais pas me permettre de perdre. Penser à l'Europe me donnait des ailes et je ne songeais à rien d'autre qu'à m'exercer.

La semaine précédant notre départ, une dame, célèbre professeur de piano, nous offrit une petite fête d'adieu, ce que je pris comme un grand signe de confiance de sa part. Mes principaux supporters – Papa, Oncle nº 2, M. Zhang et le professeur Zhao – étaient tous là.

— Je suis heureuse que tu ailles en Allemagne, dit le professeur. Et je suis sûre que tu réussiras très bien. Seulement, ne t'attends pas à être numéro un.

Ses paroles transpercèrent mon cœur comme des poignards.

— Pourquoi pas ? demandai-je.

Dans ma tête, j'étais devenu invincible.

— Lang Lang, dit-elle, est-ce que personne ne t'a dit contre qui tu allais concourir ?

— Non.

— Zhe et Yu.

Zhe et Yu avaient quatre ans de plus que moi et ils étaient beaucoup plus forts que Zhai, Ming et Hong, les pianistes qui m'avaient devancé lors du dernier concours. Ils étaient considérés comme les meilleurs de Chine.

— C'est le gouvernement qui paye pour que Zhe et Yu représentent la Chine à ce concours, ajouta le professeur. Ce sont des vainqueurs qui ont fait leurs preuves.

Cette nuit-là, après la fête, je fus incapable de dormir.

— Tu ne m'as pas dit que Zhe et Yu allaient en Allemagne, reprochai-je à mon père.

— C'est une bonne chose, répliqua-t-il.

— Comment peux-tu dire ça ?

— Je te le dis, Lang Lang, parce que tu vas devoir les affronter un jour ou l'autre. Et il vaut mieux que ce soit le plus tôt possible. En Allemagne, les juges ne savent pas qui sont Zhe et Yu, ils ne savent pas non plus qui a reçu une bourse d'État et qui a payé son voyage de sa poche. Ils n'ont pas d'a priori. Ils ne jugeront que sur le talent.

Leurs répertoires étaient époustouflants, avec des morceaux incroyablement difficiles de Liszt et de Weber, sans parler du *Petrouchka* de Stravinsky. Le professeur Zhao avait choisi pour moi des compositions ardues de Chopin et de Liszt, mais elles étaient beaucoup moins éblouissantes que ce qu'interpréteraient les deux champions.

— Ce n'est pas la maîtrise des subtilités techniques qui fait gagner les compétitions, disait mon professeur. C'est la musicalité de l'ensemble qui fait la différence.

Tu ne seras jamais numéro un. Les paroles de cette dame ne cessaient de résonner dans ma tête. *Tu ne seras jamais numéro un.* Un mantra de peur que je devais absolument remplacer par : *Tu dois être numéro un.* Mais comment y arriver ? Est-ce que le Roi Singe avait un quelconque pouvoir en Allemagne ? Et les maîtres du kung-fu ? Leur domaine, c'était la Chine, pas l'Europe. L'Europe était la terre d'origine de cette musique qui avait formé chaque instant de ma jeune existence. Cela signifiait qu'il n'y aurait pas seulement Zhe et Yu au-dessus de moi mais aussi une armée d'élèves venus d'Espagne, de France, d'Italie, de Russie, des États-Unis et d'Allemagne, tous élevés dans cette musique qui était leur héritage.

— C'est ta musique maternelle à toi aussi, me dit mon père. Tu as grandi avec elle tout comme eux. Tu l'as entendue dans le ventre de ta mère. C'est une musique universelle, elle appartient à tous ceux qui l'aiment. Et maintenant, arrête de voir tout en noir et retourne à tes exercices.

Je travaillais avec ardeur, bien sûr, ne m'interrompant que pour me rendre avec papa à l'ambassade d'Allemagne pour nos visas. Mon père m'assura qu'il n'y avait pas à s'inquiéter, qu'obtenir des visas n'était qu'une formalité de routine.

— Vous avez toutes les raisons de vous faire du souci, nous dit le fonctionnaire de l'ambassade d'Allemagne en regardant nos papiers. Vous n'avez pas d'assurance-maladie, pas d'argent en banque et faute de cela, nous ne pouvons pas vous accorder de visas, ni à vous ni à votre fils.

— Ne pourriez-vous pas faire une exception ? demanda mon père. Mon fils doit participer au Quatrième Concours international pour jeunes pianistes en Allemagne.

— Mais il ne représente pas la Chine, n'est-ce pas ? Si c'était le cas je pourrais passer outre le problème d'assurance. Deux autres élèves sont déjà venus chercher leurs visas et ils avaient des passeports bleus du gouvernement. Vous, vous avez des passeports rouges. Pourquoi votre fils ne représente-t-il pas la Chine, lui aussi ? Il n'est pas assez bon ?

— Il a déjà remporté des compétitions importantes en Chine, éluda mon père.

— Et de plus, dit l'homme, vous n'avez pas de travail. Ce n'est pas dans la politique de l'Allemagne de laisser entrer des étrangers sans emploi. Pourquoi n'avez-vous pas de travail ?

— Mon travail, c'est de faire en sorte que mon fils devienne le pianiste numéro un du monde entier.

— Ce n'est pas un travail, c'est un rêve insensé.

— Un rêve que vous allez détruire si vous ne nous laissez pas entrer en Allemagne, insista mon père.

— Les règles sont les règles.

— Les règles peuvent être contournées.

— Pas par moi.

La fureur se lisait dans les yeux de mon père. Je voyais qu'il était déjà en train de chercher une solution et j'étais bien content qu'il soit là pour surmonter des obstacles comme celui-ci, parce que de mon côté, je m'étais complètement monté la tête à propos de ce concours. Mon père m'avait convaincu que je pouvais battre ces garçons plus âgés et j'étais fermement décidé à lui donner raison.

— Je vais trouver un moyen, affirma mon père en sortant de l'ambassade. Nous obtiendrons ces visas.

À ce moment-là, un des gardes en faction arrêta mon père.

— Je n'ai pas pu m'empêcher d'entendre votre conversation, lui dit-il. Je crois bien reconnaître votre accent. Est-ce que vous venez du nord de la Chine ?

— Oui, nous sommes de Shenyang.

Le garde lui dit qu'il venait de Dong Feng, une ville au nord de Shenyang – la ville natale de mon grand-père. Quand mon père cita le nom de celui-ci, le garde le connaissait. Mon grand-père avait fondé le collège où il avait étudié.

Devenus amis instantanément, mon père et le garde passèrent une bonne demi-heure à bavarder des connaissances qu'ils avaient en commun. Puis mon père en vint au fait.

— Écoute, dit-il, tu connais notre problème. Mon fils est un véritable génie. Ce serait un crime qu'un stupide détail administratif l'empêche de participer à ce concours. Pourrais-tu nous aider d'une manière ou d'une autre ?

Le garde travaillait à l'ambassade depuis de nombreuses années et connaissait bien les fonctionnaires. Il savait qui était strict et qui était plus coulant et proposa de nous présenter à l'un des plus gentils. Le garde était convaincu que ce monsieur nous accorderait un visa si nous lui racontions notre histoire.

Le gentil fonctionnaire nous écouta et accepta de faire une exception pour nous, mais l'obtention de ces visas n'était que la première d'une longue série d'épreuves. Dans la queue pour le contrôle des passeports, il y avait, juste devant moi – entre tous les gens qui se pressaient dans l'aéroport international de Pékin – Zhe et Yu. Ils ne se retournèrent pas, mais même s'ils l'avaient fait, je ne suis pas sûr qu'ils auraient su qui j'étais.

Quand ils montrèrent leurs passeports, le fonctionnaire en fit toute une affaire.

— Des passeports diplomatiques ! s'exclama-t-il. Alors vous devez représenter la Chine. Dans quel domaine ?

Ils expliquèrent qu'ils étaient des pianistes en route pour un concours international.

— Notre pays est fier de vous, leur dit l'homme. Je suis certain que vous reviendrez avec tous les honneurs. Passez, je vous en prie, tous mes vœux vous accompagnent.

Je n'étais ni un Zhe, ni un Yu – j'étais un petit grassouillet de douze ans dont les yeux dépassaient à peine le guichet des passeports.

— Où vas-tu, en Allemagne ? demanda le fonctionnaire.

— Je vais au même concours de piano.

— Pourquoi n'as-tu pas un passeport diplomatique comme les deux autres ?

— Le gouvernement paye pour eux. C'est ma famille qui paye pour moi.

— Ça veut dire que tu n'es pas aussi bon qu'eux ?

— Il sera numéro un, affirma mon père, comme la colère qui montait en moi m'empêchait de répondre.

— Ah, les rêves de pères ! ironisa le fonctionnaire en nous faisant passer.

C'était mon premier vol. Bien qu'ayant grandi sur une base de l'armée de l'air, je n'étais jamais monté en avion, même si j'en avais souvent rêvé. En voyant Zhe et Yu installés sur de confortables sièges à l'avant, je me dis que les sièges de l'autre côté du couloir devaient être pour papa et moi. J'allais m'y asseoir quand une hôtesse m'arrêta.

— Êtes-vous en classe affaires ? demanda-t-elle.

Je ne comprenais pas ce qu'elle voulait dire.

— Non, en classe économique, répondit mon père en me poussant vers l'arrière de l'avion.

Il nous fallut parcourir toute la longueur de l'immense appareil jusqu'au dernier rang, où les sièges étaient étroits et où les moteurs nous hurlèrent dans les oreilles pendant tout le vol. L'avion traversa des orages et des turbulences qui le secouaient dans tous les sens, le faisant parfois chuter brutalement. Je me cramponnais à la main de mon père en fermant les yeux très fort. Je craignais pour ma vie. J'imaginais l'avion qui se cassait en deux et les passagers de première classe et de classe affaires descendant tranquillement en parachute, tandis que ceux de la classe économique étaient aspirés et brûlés vifs par les gigantesques réacteurs.

L'arrivée en Allemagne n'améliora pas vraiment mon humeur. Il nous fallut patienter aux douanes dans une longue file d'attente, alors que Zhe et Yu étaient attendus par un comité d'accueil. On les fit passer tout de suite sans aucune question. Mon père était morose, préoccupé par les dettes qu'il avait contractées. Il ne cessait de me dire que je pouvais battre Zhe et Yu, mais je savais qu'il était conscient de leur force. Presque tout notre argent était passé dans les billets d'avion et il nous en restait très peu pour le logement et la nourriture. Nous passâmes la première nuit dans une chambre d'étudiant prêtée par un parent d'un élève du professeur Zhao. Je dormis par terre avec mon père ; le professeur Zhao prit le lit.

À cause du décalage horaire, je m'éveillai à 5 heures

du matin. Je m'habillai et sortis faire le tour du quartier avant que mon père et mon professeur ne se lèvent. J'étais impatient de découvrir ce pays dont j'avais tant rêvé, même sans avoir la moindre idée d'où nous étions ni parler un mot de la langue. Tandis que le ciel passait du noir au gris, puis au bleu, j'avais l'impression d'être dans un film. Le ciel bleu, l'air pur, étaient nouveaux pour moi. Les inscriptions en allemand, les Audi, les Porsche et les Volkswagen qui filaient au coin des rues, les effluves de café frais et de strudel sucré qui s'échappaient des cafés, les femmes blondes qui partaient travailler – l'Europe en appelait à chacun de mes sens d'une façon totalement inédite qui m'étourdissait.

Nous devions nous rendre à Francfort afin d'y prendre un train pour Ettlingen, où avait lieu la compétition. Même les trains étaient différents en Allemagne – les gens parlaient doucement, personne ne poussait, ne bousculait ni ne se disputait bruyamment. Je m'installai près de la fenêtre et regardai défiler la campagne : des forêts d'un vert profond, des rivières sinueuses, un château au loin sur sa colline. Et pendant que le train filait en sifflant à travers ce paysage exotique de villes et de villages, de vallées et d'usines, j'entendais chaque morceau de Beethoven que je connaissais. Beethoven était la bande sonore de cette journée ; ses rythmes excitants, l'explosion de ses sonorités lyriques, l'élan de son imagination et la beauté de sa voix musicale, forte, grandiose et jamais timide, étaient constamment dans ma tête. Au fil de la course du train, je sentis ma peur diminuer, disparaître dans la campagne allemande. J'avais trouvé un second foyer, un endroit que je comprenais, et qui me comprenait. La Grande Aventure avait commencé.

Nous n'avions pas réservé d'hôtel à Francfort. Je ne

sais pas pourquoi mon père et le professeur n'avaient rien prévu ; peut-être pensaient-ils prendre une correspondance pour Ettlingen, notre destination finale, ou bien était-ce dû à leur inexpérience en matière de voyages à l'étranger. Toujours est-il que le dernier train pour Ettlingen était déjà parti. Nous n'avions aucune idée d'où aller en quittant la gare ; trois Chinois, deux hommes et un garçon, errant dans Francfort. Pourtant, j'étais aux anges. Au passage, je vis des terrasses de brasseries et des églises anciennes, la rivière Main qui traverse la cité, des gratte-ciel vertigineux, des rues pavées. Transporté par la joie de me trouver sur la terre sainte de la musique classique, je courais devant mon père et mon professeur qui, eux, semblaient tendus et incertains.

Au moment où mon père allait s'avouer complètement perdu, notre mystérieuse bonne étoile se manifesta encore. Qui sait pourquoi je décidai de tourner à gauche dans cette rue de Francfort ? Je ne saurais le dire. Mais là, au bout du pâté de maisons, j'aperçus un homme qui m'avait tout l'air d'être chinois, occupé à laver une grosse berline. Très surpris, je lui adressai un salut amical et lui demandai – en mandarin – s'il était effectivement chinois.

— Mais oui ! répondit l'homme avec fierté. Et toi aussi ! Qu'est-ce qui t'amène à Francfort ?

Je lui expliquai que nous étions en route pour Ettlingen, où je devais participer au concours international de piano.

— J'adore le piano ! s'exclama l'homme. Ma fille apprend le piano. Il faut que tu viennes chez moi pour nous jouer quelque chose. Tu dois être très fort pour être venu depuis la Chine.

— Vraiment ? Nous pouvons venir chez vous ?

— Bien sûr. Qui sont tes compagnons ? demanda-t-il, désignant mon père et le professeur Zhao, qui se hâtaient pour me rattraper.

— Mon père et mon professeur.

— Vous êtes les bienvenus, dit-il, tendant la main. Je m'appelle Huang.

Mon père et le professeur Zhao nous avaient rejoints. Ils furent surpris et enchantés de l'entendre répéter son invitation. Après un échange de civilités, nos valises furent mises dans le coffre et il nous embarqua dans la voiture qui partit à vive allure vers la banlieue de Francfort.

Je n'avais aucune idée de ce qu'était une banlieue résidentielle avant d'en voir une. Je n'imaginais pas qu'une famille puisse vivre dans une grande maison individuelle, avec une cour et un jardin, juste à l'extérieur de la ville. Cette découverte fut pour moi une révélation.

La maison de Huang était immense. Propriétaire de trois restaurants à Francfort, il avait bien réussi dans la vie. Sa demeure était pleine de ravissants meubles chinois, de draperies de soie rouge et de canapés de velours bleu. Mais le plus beau, c'était la première chose qui sautait aux yeux à peine passé la porte : une statue de Guan Yu, le héros de mon père, le plus fidèle et dévoué des généraux du Royaume de Shu, pendant la période des Trois Royaumes de l'ancienne Chine.

— Guan Yu ! s'exclama mon père. Il est mon inspiration !

— La mienne aussi, dit Huang. Le symbole de la victoire et de la fidélité.

— La victoire à tout prix, renchérit mon père.

— Lang Guoren, nous sommes bien du même avis. Il faut absolument que vous, votre fils et le professeur

Zhao soyez mes invités dans cette maison, afin que Lang Lang puisse se préparer comme il convient à la bataille qui l'attend à Ettlingen.

L'invitation fut acceptée avec gratitude et il fut convenu que, tant que nous serions là, je donnerais chaque jour une leçon de piano à sa fille de neuf ans. Je donnai aussi de petits récitals pour Huang et sa famille. Même en sachant que j'étais venu de loin pour cette compétition et que j'étais un pianiste sérieux, ils furent surpris de mon talent. Nous étions tous ravis de nous être trouvés.

La nourriture servie par Huang était succulente. Que demander de plus ? Une grande maison dans une banlieue boisée, une belle chambre d'amis avec salle de bains privée, un superbe piano sur lequel je pouvais travailler six heures par jour et des gens de chez nous. J'eus même l'occasion de jouer à la Game Boy avec le petit neveu de Huang. J'avais envie de rester là pour toujours.

Après une semaine de séjour, ce fut le moment de partir pour Ettlingen. En hôte parfait, Huang insista pour nous y emmener dans sa berline.

— Le train est inconfortable, dit-il. Et puis, il faut que tu voyages avec la classe qui convient à un vainqueur comme toi.

Avant de monter dans sa voiture, je remarquai sa plaque d'immatriculation – 8888. Dans la culture chinoise, quatre huit signifient la chance. Tout, chez Huang, était de bon augure. Il symbolisait le côté positif du hasard. Par hasard, j'étais tombé sur lui. Par hasard, il se trouvait qu'il aimait le piano.

— Mais c'est la destinée, Lang Lang, insista-t-il, qui m'a permis de vous venir en aidc.

À Ettlingen, dans les bois qui bordent la ville, nous étions logés, ou plutôt, comme le disaient les organisateurs, « hébergés chez l'habitant », par un couple plus âgé, vivant avec un berger allemand qui adorait écouter du Beethoven. Au petit déjeuner, nous mangions de délicieuses saucisses, accompagnés par la sixième de Beethoven sur la stéréo. Je sortais me promener dans les bois et je parlais aux fantômes des maîtres qui avaient changé ma vie, remodelé ma destinée et m'avaient conduit ici.

Le parfum de l'herbe fraîchement coupée et des fleurs sauvages, les grands arbres de la forêt allemande et les nuages blancs et duveteux qui flottaient au-dessus de ma tête – jamais je ne m'étais senti si heureux, si libre.

Puis un nouveau miracle se produisit.

Les sponsors de la compétition fournissaient aux concurrents des locaux pour répéter. À notre arrivée au bâtiment qui abritait les salles d'exercice, le bruit de la musique nous accueillit, bourdonnant dans l'air d'été comme un essaim d'oiseaux-mouches. Alors que nous parcourions le couloir pour trouver la pièce qui m'avait été attribuée, mon père s'arrêta soudain devant la porte entrouverte d'un local déjà occupé.

— Écoute ce jeu, dit-il, stupéfait. C'est de la magie.

Mon père avait raison. En regardant dans la pièce, je vis un pianiste japonais, âgé d'environ dix-huit ans, qui se balançait d'avant en arrière en jouant, comme s'il improvisait une danse. Je réalisai qu'il était aveugle.

Intrigué, je m'assis sur le banc à côté de lui. Il tourna la tête vers moi, les yeux fermés et plissés. Dans un anglais rudimentaire, il me demanda d'où je venais. Mon anglais ne valait pas mieux que le sien, mais je parvins à lui faire comprendre que j'étais chinois. Vu l'histoire de nos deux pays, je me demandais si cela n'allait pas le refroidir, pourtant il se contenta de sourire et me dit :

— Joue.

J'hésitai mais mon père me chuchota :

— C'est une grande chance. Il va t'apprendre des choses. Joue pour lui.

Je jouai un morceau tiré de la *Tarentelle* de Liszt, l'histoire d'une araignée venimeuse. Pour survivre à sa morsure, il faut danser afin de faire sortir le poison et bouger comme on n'a jamais bougé auparavant. Tandis que je jouais, le garçon souriait et se balançait au rythme de la musique. Quand j'eus fini, il dit :

— Oui, oui, très bien, très bien.

Puis il joua le même morceau, d'une manière complètement différente. Son toucher était plus doux, plus délicat, plus sensible aux touches. Il n'essayait pas de capturer les émotions, il *devenait* les émotions. Son bonheur de jouer lui venait du cœur, pas de la tête, ni même des doigts. Il incarnait de tout son être les mélodies colorées, les rythmes frénétiques, l'histoire désespérée, les mouvements désordonnés.

— S'il te plaît, joue encore, me demanda-t-il.

Je jouai la chanson napolitaine de la *Tarentelle,* essayant de reproduire la sensibilité de son jeu.

— Je ne connais pas cette partie, dit-il.

Mais comme je continuais à jouer, il posa ses mains sur le clavier et commença à m'accompagner, créant – là, comme ça – des harmonies qui élargissaient la chanson, lui infusant une beauté plus profonde.

À ce moment de ma vie, j'avais déjà entendu des centaines de pianistes, mais jamais je n'avais entendu personne jouer comme lui. Et sa personnalité, ouverte et amicale, avait la même beauté que son jeu. En apprenant mon âge, il me dit :

Mes parents, mon arrière-grand-mère maternelle et moi.

Dans le side-car de mon père, sur la base de l'armée de l'air.

Devant l'aéroport militaire.

Ma mère et moi dans nos baraquements.

Une leçon avec
le professeur Zhu.
Je porte l'uniforme
des enfants
de la Marine.

Première compétition, à l'âge de cinq ans.

À l'âge de quatre ans,
en train de dessiner.

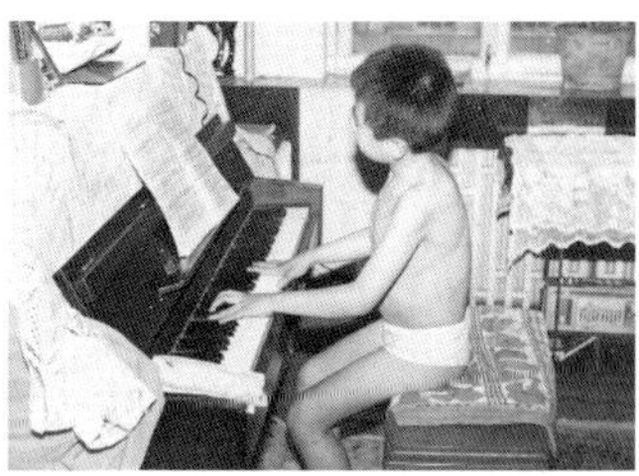

À Shenyang en plein été,
sans ventilateur.

Dans notre nouvel appartement, à Pékin. Je porte le foulard des pionniers chinois et tiens à la main un diplôme obtenu pour mes talents de musicien.

Devant le Conservatoire central de musique, à Pékin.

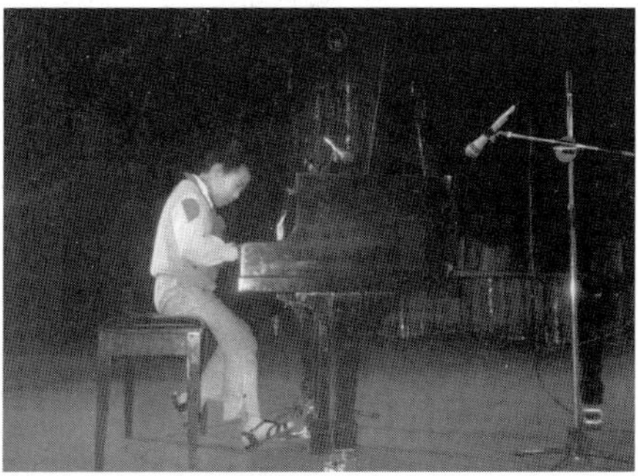

Un récital.

Avec le professeur Zhao, après avoir remporté le premier prix de la 6e compétition Xing Hai.

Mon père dans son uniforme de policier.

Avec Yi Feng Lang,
mon cousin.

Oncle n°2.

Chez moi, à Philadelphie.

Notre appartement à Pékin.
Le lit superposé que
mon cousin et moi partagions
se trouve sur la gauche.

La dernière étape
de la compétition
Tchaïkovski.
*(avec l'autorisation
de l'International
Tchaikovsky Competition)*

Mes débuts aux États-Unis,
au Steinway Hall, à quatorze ans.

Répétitions à Curtis.

En coulisses avec Isaac Stern.

Une leçon avec M. Graffman.

Avec Daniel Barenboïm,
à la Waldbühne de Berlin.

Avec le maestro Eschenbach.
(avec l'autorisation de Jim Steere)

Avec Zubin Mehta,
au Schloss
Schönbrunn
de Vienne.

Avec les Doran et mon père, devant le Hollywood Bowl.

Avec le secrétaire général des Nations unies, Kofi Annan, en 2002.

Dans le village de Mkuza, en Tanzanie.
© UNICEF – HQ04-0551 – Mariella Furrer

Au Carnegie Hall.

— J'ai de la chance que tu sois dans le groupe des plus jeunes, sinon tu me battrais.

— C'est moi qui ai de la chance, répliquai-je. Tu es imbattable.

Nous avons passé l'heure suivante à jouer l'un pour l'autre. L'échange n'avait rien de compétitif, nous partagions simplement notre amour pour la musique. C'est en le regardant jouer sans le secours de la vue que j'ai appris une des grandes leçons de ma vie : il y avait bien d'autres façons de voir le monde que celles que je connaissais.

Je gardai cela à l'esprit pendant une série de cours particuliers avec le professeur Zhao. Les leçons me furent utiles, mais mes pensées revenaient toujours à ce garçon japonais et à l'inspiration qu'il m'avait donnée. Puis, la veille du jour où je devais jouer dans la grande salle de concert baroque, j'exécutai la *Tarentelle* pour mon professeur.

— Mon Dieu, Lang Lang, s'exclama-t-il. Il y a une fausse note. Tu as appris ce morceau avec une fausse note !

Je n'en fus pas alarmé outre mesure, car j'avais ressenti le morceau comme jamais auparavant. Grâce à mon ami japonais, j'avais découvert l'âme même de cette composition. De plus, quand on a travaillé autant d'heures que je l'avais fait, il est difficile de désapprendre quelque chose. Rectifier cette seule note risquait de bouleverser pour moi toute la construction de l'œuvre, ce qui ferait sans doute plus de mal que de bien.

— Tu dois le réapprendre ! insista le professeur Zhao.

Je lui expliquai mes réserves. Il réfléchit à mes arguments.

— Tu as peut-être raison, Lang Lang. Suis ton

instinct. Tu éprouves des émotions très fortes en ce moment et je ne voudrais pas te perturber.

Ce soir-là, notre hôtesse allemande, une femme très croyante, me demanda si je voulais bien l'accompagner à l'église. Bien que d'une famille peu pratiquante, j'ai été élevé dans la tradition bouddhiste et je n'avais jamais vu d'église auparavant. Curieux, et touché par sa requête, j'acceptai. L'église, un bâtiment très simple aux fenêtres garnies de vitraux, se trouvait dans la Forêt-Noire, entourée de grands arbres et de ruisseaux d'eau vive. À l'intérieur, l'orgue jouait du Bach, ce que je trouvai parfaitement logique. Pour moi, Dieu et Bach étaient les meilleurs amis du monde. L'église était vide, à l'exception d'une vieille femme qui priait en silence, agenouillée devant un immense crucifix.

C'était ma première rencontre avec l'image sculptée du Christ en croix. À la caserne, quand j'étais petit, la mère d'un de mes amis était chrétienne et m'avait souvent raconté l'histoire de Jésus, mais je n'arrivais pas à comprendre comment Dieu pouvait sacrifier son propre fils. Debout devant le crucifix, je réfléchis à la force de la relation unissant la musique occidentale que j'aimais tant à ce dieu torturé. Je savais que l'amour de Jésus était au cœur de beaucoup des œuvres que j'admirais tant, et je voulais comprendre pourquoi et comment. À vrai dire, je n'y parvins pas.

— Voici le dieu qui est mort pour l'amour de toute l'humanité, expliqua mon hôtesse.

— Est-ce que je peux le prier ? demandai-je.

Dans cette église sereine au fond des bois, on sentait souffler l'esprit.

— Bien sûr. Il répond à toutes les prières.

Elle m'apprit à faire le signe de croix et je priai pour me classer numéro un au concours du lendemain.

La salle de concert, le lendemain matin, avec son architecture baroque et très ornée, était plus grande que toutes celles que j'avais vues auparavant. J'imaginais Brahms dirigeant ses propres symphonies sur la scène. L'ordre affiché me faisait passer avant Yu et Zhe, ce qui me désavantageait, mais je n'y pouvais rien. Quand mon père, comme toujours, me donna une petite tape dans le dos, cela me donna du courage, mais cette fois cela me rappela aussi l'inspiration reçue de mon ami japonais. La douceur de son âme musicale avait transformé mon approche, m'avait rendu plus sensible et m'avait donné ce que je n'avais jamais eu auparavant – le sens de la poésie.

Cet après-midi-là, à Ettlingen, je commençai par jouer la *Sonate en do majeur* de Haydn, puis un morceau chinois intitulé *La Rivière Liu Yang,* une valse de Chopin, et pour finir la *Tarentelle* de Liszt. Le pianiste n'est pas toujours le meilleur juge de ses propres performances, mais j'avais conscience d'avoir bien joué. J'avais en tout cas joué avec lyrisme, trouvant sous mes doigts une légèreté dont j'étais moi-même surpris. Je dansai tout le long des morceaux, surtout le Liszt, et quand j'eus fini, la salle éclata en applaudissements. Je n'avais jamais vu pareil enthousiasme – je fus rappelé pour cinq saluts. Ils ne voulaient pas me laisser partir et je me demandai s'ils voulaient un bis. Je commençai à remonter sur scène mais un des assistants me retint, sous les rires du public et des juges. J'ignorais que les bis étaient strictement interdits dans les compétitions.

Les prestations de Yu et de Zhe furent extraordinaires, absolument brillantes. J'avais peur que leur habileté technique ne me fasse paraître faible en comparaison mais en même temps, malgré mes douze ans, j'étais confiant. J'avais le sentiment que mon ami japonais, ultime bénédiction d'un voyage qui n'avait tenu qu'à une série de coups de chance, m'avait offert un cadeau que toute la prouesse technique du monde ne pouvait surpasser. J'appréciai la férocité avec laquelle jouaient Yu et Zhe, leur concentration de tueurs, leur absolue maîtrise des œuvres. Mais il me sembla aussi qu'ils se donnaient trop de mal. L'excès d'effort nuisait à leur jeu. Leur interprétation, du moins à mes oreilles, manquait de cœur.

J'étais assis dans les premiers rangs avec le professeur Zhao et mon père installé au balcon quand arriva le moment d'annoncer les gagnants. Un homme s'avança vers le micro. Je ne comprenais pas ce qu'il disait car il parlait en allemand, mais je savais que la tradition était d'accorder cinq prix. Parfois, quand les juges considéraient qu'aucun des concurrents n'avait rempli les critères les plus exigeants, ils ne décernaient pas de numéro un. C'était déjà arrivé plusieurs fois dans les années précédentes.

Ils commencèrent par annoncer les prix de consolation : un Ukrainien, un Lituanien, un Espagnol.

Puis vinrent les grands prix.

Le premier était le numéro cinq – un des Chinois, Zhe. Il se mit à pleurer.

Le numéro quatre venait ensuite – on annonça le nom d'un Russe.

Puis le numéro trois – une Française.

Le numéro deux était important. Il signifiait la défaite. Je me bouchai les oreilles pendant qu'ils l'annonçaient, terrifié à l'idée d'entendre mon nom.

Mon professeur me traduisit quand même à voix basse les paroles de notre hôte allemand.

— Le numéro deux est chinois, me dit-il.

Oh non ! Tout mais pas numéro deux.

— Le numéro deux est Yu, m'annonça le professeur Zhao.

J'étais aussi soulagé que Yu était furieux, mais je n'avais toujours aucune certitude d'être numéro un. Il y eut un long silence.

Comme nous attendions, je pensai à l'homme de l'ambassade d'Allemagne, au fonctionnaire de l'aéroport, à la façon dont Zhe et Yu avaient dû sourire lorsque j'avais tenté de m'installer près d'eux dans l'avion. Si je n'étais pas numéro un, je serais anéanti. Et non seulement cela, mais qu'adviendrait-il de nous ? Nous nous retrouverions endettés sans le moindre espoir d'en sortir.

L'Allemand reprit la parole. Je me penchai vers mon professeur pour entendre sa traduction.

— La compétition aura été de très haut niveau cette année et nous sommes extrêmement satisfaits de la qualité de nos concurrents. Il nous a été très difficile de décider du gagnant. Comme vous le savez, nous avons parfois dû renoncer à attribuer une première place, parce que nous ne voulions pas dévaluer la qualité de notre premier prix. Être numéro un requiert une performance qui sorte vraiment de l'ordinaire. Nous sommes heureux de vous annoncer que nous avons un numéro un.

Mon cœur tambourinait si fort que j'étais sûr que tout le monde pouvait l'entendre.

— Cette année, continua l'hôte, un des interprètes s'est élevé nettement au-dessus des autres, bien qu'il soit haut comme trois pommes. Cette année, je suis fier de remettre le prix et la somme de cinq mille marks à...

Encore une pause, encore un moment de suspense haletant.

— Lang... Lang.

Parmi les mots allemands, j'entendis clairement mon nom.

Je bondis de ma chaise pour serrer mon professeur dans mes bras, mais il me fit rasseoir pour pouvoir continuer à traduire la suite du discours.

— Mais il y a plus encore, reprit l'homme. Cette année, nous décernons aussi à Lang Lang un prix spécial, pour l'interprétation artistique la plus remarquable dans l'histoire de notre compétition. Un prix accompagné de quatre mille marks.

Deux prix ! Dont un créé spécialement pour moi ! La tête me tournait à l'idée d'avoir triomphé des pianistes les mieux classés de Chine, Yu et Zhe. Je me mis à sauter sur place en poussant des cris.

Un célèbre professeur de piano chinois que je reconnus s'avança vers moi. Il avait préparé ses propres élèves pour ce concours et avait dû être déçu, mais c'est avec beaucoup de gentillesse et de sincérité qu'il me dit :

— Lang Lang, jamais je n'ai entendu personne jouer comme tu as joué. Dieu conduisait tes doigts. Dieu te murmurait à l'oreille.

Au balcon, quelqu'un avait filmé la réaction de mon père. Je ne vis cette vidéo que des années plus tard et cela me fit un choc : il pleurait, secoué de sanglots, le visage couvert de larmes. Jamais je ne l'ai vu réagir ainsi, ni avant ce jour-là, ni après. Pourtant, en cet après-midi où ma victoire fut annoncée, ce ne fut pas vers mon père que j'allai en premier – je cherchai d'abord mon ami japonais, le pianiste au toucher si délicat. Je le trouvai, assis vers le fond de l'auditorium.

— Merci, lui dis-je en le serrant fort dans mes bras. Jamais je ne t'oublierai.

Et jamais je ne l'ai oublié.

2. Chopin

De même qu'un professeur quinquagénaire, un garçon de douze ans est doté d'un ego. Et les ego sont choses fragiles. En seulement deux petites années, j'étais passé du statut d'élève renvoyé par son professeur à celui de lauréat de deux compétitions importantes. Et si mon ego en avait alors pris un coup, maintenant il menaçait d'exploser. Comment aurait-il pu en être autrement ?

Naturellement, l'ego de mon père enflait à l'égal du mien. Il avait toujours adoré se féliciter de mes exploits, surtout devant les parents de mes condisciples, et maintenant qu'il avait encore plus de raisons de se vanter – et il ne se gênait pas pour le faire à haute voix – il se rendit assez impopulaire parmi les familles de mes camarades. Et en même temps, celles-ci lui demandaient souvent d'écouter et d'évaluer leurs propres enfants. À l'école, il devint une sorte de professeur non officiel.

Pour ce qui était de l'orgueil, les professeurs n'étaient pas en reste. Leur réputation était liée à leurs élèves : plus ils avaient de gagnants, plus leur statut en bénéficiait. Le statut du professeur Zhao au conservatoire s'éleva considérablement quand je me classai numéro un en Allemagne. Comme mon père, il se vantait d'avoir contribué à mon développement et c'était bien normal.

Il était tout aussi normal de m'attendre à voir des représentants du conservatoire et même peut-être du gouvernement chinois nous accueillir à notre retour d'Europe. Mais personne ne vint. Ni fleurs ni caméras pour notre arrivée. Je revenais triomphant ; mon père et moi avions payé notre voyage et j'étais parvenu à obtenir le premier prix, c'était un honneur pour mon pays. Ne méritais-je pas d'être accueilli en héros ?

— Ne t'en fais pas, me dit mon père. L'argent des prix va nous permettre de payer nos dettes et il restera de quoi acheter du matériel hi-fi haut de gamme pour que tu puisses écouter des CD et apprendre encore. Tous ceux qui te connaissent sont fiers de toi. Mais n'attends pas grand-chose du conservatoire. Le conservatoire est une grande institution d'enseignement, mais c'est aussi un nid de jalousies. Tu en as déjà fait l'expérience et tu peux t'attendre à ce que ça arrive encore.

Mais après être monté si haut, comment aurais-je pu m'attendre à être brutalement ramené sur terre ?

Quelques mois après notre voyage en Allemagne, j'auditionnai pour la section collège du conservatoire. Je jouai la *Rhapsodie hongroise* avec panache. Du moins le croyais-je. Les juges, comme pour me remettre à ma place, me classèrent troisième. Le garçon classé numéro un avait joué un morceau facile, une chanson traditionnelle chinoise. C'était Mme Sévère et ses alliés qui m'avaient barré la route et ils s'en justifièrent par une litanie de critiques à propos de mon interprétation. Mais derrière cette critique ostensiblement raisonnée se cachaient leurs véritables sentiments : *libre aux juges européens de te surestimer mais ici, en Chine, nous saurons bien rabattre tes prétentions.*

À l'affichage du classement, mon père explosa. Il fulminait encore intérieurement que j'aie été snobé par le conservatoire à mon retour et cette défaite injuste fit déborder sa colère. Il hurla aux juges :

— Vous en avez après mon fils ! Vous savez qu'il est numéro un. Il s'est classé premier à Ettlingen face à des interprètes venus du monde entier. Il a battu Yu et Zhe, les meilleurs de Chine. S'il peut les battre, alors il peut battre n'importe quel candidat qui auditionne pour le collège. Et c'est ce qu'il a fait. Vous le savez très bien ! Il a été le meilleur et vous l'avez mis numéro trois uniquement pour l'humilier, pour lui montrer que c'est vous qui commandez ici et que ce qui se passe en Europe ne compte pas. En Europe, les juges étaient honnêtes. Ici, chacun pousse ses élèves en avant pour pouvoir faire progresser sa carrière et certains touchent même des pots-de-vin au passage. C'est une honte ! Une véritable honte !

Mon père en voulait au professeur Zhao comme à tous les autres. D'après lui, c'était Mme Sévère qui avait fait campagne contre moi, mais le professeur Zhao aurait dû se battre pour moi.

— Il aurait dû te défendre, dit papa. Mais il ne l'a pas fait.

Mon père m'arrangea une rencontre avec Chengzong Yin, sans doute le plus célèbre pianiste de Chine. C'était une vedette nationale qui, durant la Révolution culturelle, n'avait joué au piano que de la musique chinoise. Il avait même été proche de Mme Mao. Tombé en disgrâce après la Révolution, il s'était enfui aux États-Unis pour s'installer à New York. Quand papa le rencontra, il se trouvait en Chine pour quelque temps, ayant fini par regagner les faveurs de son pays natal.

Chengzong Yin était de l'école russe ; il parlait impeccablement la langue et avait intégré l'approche russe de l'art du piano, le son riche et large, le phrasé majestueux et les émotions ardentes. Comme s'il avait l'âme d'un Russe. Après m'avoir entendu jouer, il me dit que moi aussi je comprenais Rachmaninov et Tchaïkovski et m'encouragea à m'attaquer aux œuvres les plus difficiles de ces compositeurs, ce que je considérai comme un très grand compliment de sa part.

Chengzong Yin était patient et encourageant, et quand il accepta de me donner des leçons, cela nous ravit, mon père et moi. Par contre, nous étions bien conscients que le professeur Zhao ne devait pas l'apprendre. Il serait furieux. Les professeurs chinois n'aiment pas partager leurs élèves et nous ne voulions pas risquer de perdre le professeur Zhao, même si mon père lui en voulait de sa lâcheté. À sa manière, Zhao était toujours un allié et je pris donc mes leçons avec Chengzong Yin en secret.

Quand ma mère vint à Pékin pour une courte visite, je lui parlai de ces leçons clandestines qui me mettaient mal à l'aise.

— Je peux le comprendre, Lang Lang, dit-elle, mais tu ne fais rien de mal. Quelquefois les professeurs ne s'entendent pas entre eux, mais ce qui compte c'est que toi tu apprennes tout ce que tu dois apprendre, parce que finalement, c'est ça, la musique.

J'aurais voulu que ma mère puisse m'accompagner aux compétitions mais le coût était dissuasif, sans parler de la difficulté à obtenir un visa. Mon père avait maintenant comme objectif le Concours international Tchaïkovski pour les jeunes musiciens, qui aurait lieu l'été suivant au Japon. C'était le plus difficile pour un jeune pianiste et, même en sachant bien que c'était impossible, je suppliai ma mère de venir. Encore une fois, comme elle l'avait fait au cours des années, elle me répéta que c'était par amour pour moi qu'elle s'effaçait, afin de laisser mon père m'aider à devenir numéro un ; que tous les trois nous étions ensemble dans cette grande aventure qui, en cultivant mon talent, m'apporterait la renommée et que chacun de nous avait son rôle à y jouer. En y repensant, je m'aperçois que de tous les ego accrochés à ma carrière, celui de ma mère était le mieux contrôlé. Forcée de renoncer à vivre avec son fils, elle l'avait accepté sans amertume. Durant ses rares visites à Pékin, jamais elle ne se lamentait sur son sort ni ne se plaignait de la dureté de sa vie. Elle m'aimait sans se soucier de son propre bien-être. En retour, je ne l'en aimais que davantage et pendant ces interminables années où il me fallait travailler huit, neuf, dix heures par jour, jamais je ne cessai de ressentir la douleur de son absence. Mon cœur pleurait pour elle. Je continuai à pleurer ma mère durant toute mon enfance et, pour être honnête, encore longtemps après.

Des ego, des professeurs, des concours. C'est de cela que fut faite mon enfance. Et mon père, l'homme le plus déterminé du monde, travaillait sans relâche à faire en sorte qu'ils jouent tous en notre faveur.

— Ce concours Tchaïkovski au Japon est énorme, dit-il. Bien plus important que celui d'Allemagne. Les six premiers finalistes joueront avec le Philharmonique de Moscou. Et les trois premiers passeront à la télévision internationale. En te classant numéro un au Japon, tu seras reconnu dans le monde entier. On t'offrira des bourses pour des écoles américaines comme Julliard ou

Curtis. Ce sera la fin de nos problèmes. C'est pourquoi nous devons prendre les meilleurs avis, auprès des meilleurs professeurs.

Le professeur Zhao pensait que je devais jouer du Mozart mais à ce moment-là, mon Mozart n'était pas très bon. Je n'avais pas encore compris les subtilités de son génie. J'avais la main trop lourde pour jouer du Mozart, il me restait encore à découvrir les nombreuses facettes de sa musique. Quant à Chengzong Yin, il pensait que je devais jouer du Beethoven, ce que j'aurais nettement préféré. Mais mon père était d'avis que le *Concerto nº 2* de Chopin mettrait mieux en valeur mes points forts et me fit donc préparer ce morceau. Et comme si toutes ces opinions divergentes n'avaient pas suffi à m'embrouiller, un autre professeur s'en mêla, une femme que mon père considérait comme la meilleure de tout le pays : le professeur Tu, le seul juge représentant la Chine au concours.

Ses tarifs étaient astronomiques – cent dollars américains pour une seule leçon – mais mon père était prêt à payer pour avoir un autre point de vue. En Chine, dans le monde de la musique classique, le jugement du professeur Tu faisait autorité.

Elle me demanda de jouer le *Concerto nº 2* de Chopin. J'étais certain qu'elle serait impressionnée.

— Ce serait une erreur de jouer ce concerto au Japon, annonça-t-elle quand j'eus fini.

— Pouvez-vous au moins l'aider à mieux l'interpréter ? demanda mon père.

— Non, c'est un mauvais choix. Il ne comprend pas l'aspiration romantique qui habite Chopin. Il est trop jeune, trop immature pour un morceau si chargé en émotion. C'est trop romantique pour un jeune garçon.

— Mais…, commença à protester mon père.

— Pas de mais, insista le professeur Tu. Je vais vous rendre vos cent dollars. Cela ne m'intéresse pas d'instruire votre fils s'il doit jouer ce morceau. S'il persiste, il n'aura aucune chance de gagner.

J'échangeai un regard avec mon père. L'affaire était sérieuse.

— Joue le Chopin, Lang Lang, dit papa après qu'elle fut partie.

— Tu es sûr ?

L'idée me paraissait risquée.

— Ces professeurs t'ont toujours sous-estimé. Celle-là n'est pas différente des autres.

— Mais si je suis trop jeune pour comprendre les émotions de Chopin ?

— Chopin soupirait pour un amour perdu. En jouant le concerto, pense à l'amour que tu ressens pour ta mère. Tu es toujours en train de dire qu'elle te manque. Eh bien, c'est ce sentiment-là que tu dois insuffler dans ta musique.

Je n'avais jamais encore fonctionné ainsi et, bien que travaillant comme un fou, bien que gardant toujours au cœur cette douleur qu'était l'absence de ma mère, je ne voyais pas comment traduire mes sentiments sur le clavier.

Quand maman nous rendit visite, peu de temps avant notre départ pour le Japon, elle eut des mots avec le professeur Zhao. Mon professeur commit l'erreur de se plaindre de papa auprès d'elle.

— Il faut que vous raisonniez Lang Guoren, la pressa-t-il. Il ne doit plus venir au conservatoire. Il se met tout le monde à dos avec son attitude. Il se dispute avec les professeurs de l'école, il s'emporte et récrimine sans arrêt, il va gâcher les chances de réussite de votre fils.

— Mon fils, répondit ma mère, avec dans la voix une dureté que je ne lui avais jamais entendue, n'a pas l'air de s'être trop mal débrouillé jusqu'ici.

— Il réussit, mais c'est en dépit de votre mari.

— Il a besoin de la protection de son père. Les autres familles ont de l'argent, elles peuvent faire de beaux cadeaux aux professeurs. Tout ce que nous avons, c'est notre désir de veiller à ce que notre fils ne soit pas ignoré.

— Lang Guoren fait certainement tout ce qu'il faut pour cela. Il ne pense à rien ni personne en dehors de votre fils. Jour et nuit, il est obsédé par la carrière de Lang Lang.

— J'en suis heureuse. J'aimerais que vous en fassiez autant. J'aimerais que, vous aussi, vous protégiez Lang Lang quand les autres professeurs disent du mal de lui.

— Je crains que vous ne compreniez pas bien l'art de se montrer diplomate.

— Vous avez raison, je n'y connais rien. Tout ce que je sais, c'est qu'il y a dans votre conservatoire des hypocrites et des sournois qui vous poignardent dans le dos.

— Quoi qu'il en soit, continua le professeur Zhao, votre mari irrite tout le monde. Il interfère de manière intolérable. Sa façon, par exemple, de se mêler du répertoire de votre fils est malvenue et contre-productive. Dans cette compétition au Japon, n'espérez pas que votre fils se place mieux que troisième. Et à dire vrai, il aura de la chance s'il arrive aussi haut.

— Ne l'écoute pas, déclara mon père quand ma mère lui rapporta sa conversation avec le professeur Zhao. N'écoute jamais ceux qui prétendent que Lang Lang ne sera pas numéro un.

Les paroles du professeur Zhao eurent pourtant un impact sur moi. Après tout, il avait été mon champion. Il m'avait accepté comme élève après Mme Sévère, il m'avait vu triompher en Allemagne. S'il ne croyait pas que je puisse gagner au Japon, peut-être savait-il quelque chose que nous ignorions ?

Me voyant anxieux, ma mère me dit :

— Tu as besoin de passer un peu de temps à la maison, Lang Lang. Rentre chez nous, à Shenyang.

Devant les protestations de mon père, ma mère insista, arguant que Shenyang me ferait le plus grand bien. Je pourrais prendre des leçons avec le professeur Zhu, un professeur que nous aimions tous et à qui nous faisions confiance.

Je m'attendais à ce que papa s'y oppose mais il n'en fit rien.

— Ce n'est peut-être pas une mauvaise idée, Zhou Xiulan. Ça fera probablement du bien à Lang Lang de voir le professeur Zhu.

À la minute où le train entra en gare de Shenyang, je me sentis soulagé. J'étais chez moi. Shenyang n'est peut-être pas Paris ou Vienne mais pour moi, surtout en ces jours qui précédaient le concours Tchaïkovski au Japon, Shenyang était la plus belle ville du monde. C'était l'été et, entre le bonheur d'être avec ma mère et le plaisir de retrouver sa bonne cuisine, mon moral ne tarda pas à remonter. Ce fut aussi avec joie que je retrouvai ma chère professeur Zhu.

Durant les huit années de mon absence, rien n'avait changé dans son studio. Elle avait gardé le même piano, les mêmes lampes, les mêmes tableaux. Elle était toujours aussi patiente, aussi compréhensive dans sa manière d'enseigner.

Je lui parlai de la controverse au sujet du concerto de Chopin et des célèbres professeurs qui doutaient que je puisse – ou doive – le jouer. Quand je l'eus joué pour elle, elle me dit sans hésiter un instant :

— Je suis de l'avis de ton père, Lang Lang. Tu es capable de jouer ce morceau et de le jouer bien. Mais, en effet, il te faut ressentir la nostalgie et la peine. Tu dois exprimer ces émotions sans crainte ni embarras. C'est une œuvre pour laquelle tu devras aller chercher au plus profond de toi-même, afin de trouver ce qu'elle signifie pour toi. Maintenant, joue-le encore une fois.

Je recommençai, me rappelant cette fois que mon séjour à Shenyang n'était que temporaire, que bientôt je serais à nouveau loin des bras de ma mère et de la gentillesse du professeur Zhu, et c'était comme si le chagrin guidait mes doigts sur les touches.

Quand je relevai les yeux, ceux du professeur Zhu étaient pleins de larmes.

— Tu peux jouer ce morceau, affirma-t-elle. J'en suis certaine.

Une semaine plus tard, en août 1995, mon père et moi étions à Sendai, au Japon. J'avais cette fois un passeport bleu : le gouvernement me payait le voyage. La première chose que je vis dans un journal japonais fut la photo d'une fille, à peu près de mon âge, debout devant un piano à queue.

— Qui est-ce ? demandai-je au professeur Zhao.

— La meilleure élève pianiste du pays. C'est une jeune Japonaise très douée. Les médias l'adorent. Il ne fait aucun doute qu'elle va gagner, répondit-il tranquillement.

Ses paroles m'anéantirent.

Je regardai attentivement la photo : elle avait un regard clair, des mains délicates. J'imaginais ces doigts fuselés volant sur les touches.

— Est-ce que vous savez ce qu'elle va jouer ? demandai-je.

— Non, répondit mon père. Mais ça n'a pas vraiment d'importance. Elle est clairement favorite.

Plus tard, mon père apprit que la deuxième favorite était une jeune Ukrainienne qui avait fini seconde lors de la compétition précédente, quatre ans auparavant, à Moscou.

— Nous devons les voir travailler toutes les deux, dit papa, et étudier leur technique. Nous avons une semaine pour mener notre enquête.

Ayant appris où elles travaillaient, je m'y rendis. Les portes étant partiellement ouvertes, je pus regarder à l'intérieur, observer les mouvements de leurs doigts ainsi que leur manière de phraser la musique. Je les espionnai pendant un long moment, jusqu'à ce qu'un des journalistes couvrant la compétition arrive et me demande ce que je faisais là. Quand je le lui dis, il se mit à rire et prit des notes pour son article. Il allait sans doute écrire du mal de moi, mais cela m'était bien égal. J'avais besoin de les entendre jouer moi-même. Ainsi, je serais encore plus motivé pour les battre.

Le Tchaïkovski était de loin le plus important des concours auxquels j'avais participé jusque-là. L'hôtel où nous séjournions avait dressé quarante drapeaux, représentant tous les pays qui avaient envoyé des élèves concourir. Après le premier tour, il ne restait plus que vingt drapeaux. La Chine avait envoyé vingt candidats et nous avions tous passé le premier tour d'éliminatoires. Mais c'était le second tour qui était critique – sur quarante concurrents, on n'en garderait que six.

Le jeune Chinois qui s'était classé numéro un lors des auditions du conservatoire où j'avais fini troisième était venu au Japon débordant de confiance en lui. « Je suis numéro un ! » répétait-il à qui voulait l'entendre. Mais quand la liste des gagnants du second tour fut affichée, son nom n'y figurait pas. En fait, parmi les six élus, j'étais le seul représentant de la Chine. Il y avait deux Russes, une Anglaise, la Japonaise et l'Ukrainienne. Tous les six, nous devions jouer avec le Philharmonique de Moscou, une perspective enthousiasmante mis à part un détail : je n'avais jamais joué avec un orchestre auparavant. À Pékin, mon père avait demandé au professeur Zhao de nous arranger une répétition avec un orchestre chinois mais Zhao nous avait informés que cela coûterait presque vingt mille RMB [1], ou deux mille dollars américains. Nous étions loin de détenir une pareille somme.

— Pouvez-vous nous aider ? demanda mon père au professeur Zhao.

— Pas si vous n'avez pas l'argent.

J'allais devoir y aller à froid.

— Pense à ta mère, me conseilla mon père. Pense à combien elle t'aime. Pense à combien elle te manque. Pense à l'importance qu'elle a pour toi. Mets cet amour et ce manque dans le Chopin. Ne pense à rien ni à personne d'autre. Joue pour ta mère, Lang Lang. Joue pour Zhou Xiulan.

En gardant ma mère à l'esprit, je parvins rapidement à m'adapter aux sons et aux rythmes de l'orchestre derrière moi. Bien qu'à d'innombrables kilomètres de là, ma mère était maintenant à mes côtés, occupant la place laissée vide par les héros de mon enfance. Tandis que je jouais, je laissai mes sentiments pour elle envahir le deuxième mouvement et sentis passer le souffle d'une

1. Renminbi, la « monnaie du peuple », nom officiel du *yuan* chinois. (Toutes les notes sont du traducteur.)

solitude poétique jamais encore ressentie. Le Philharmonique de Moscou était fabuleux à entendre. J'adorai chaque seconde passée à jouer avec l'orchestre. Il me semblait qu'avoir un orchestre donnait des ailes.

Quand les vainqueurs furent annoncés, j'étais résigné à l'idée d'avoir fait tout ce que je pouvais. Au moins étais-je dans les six meilleurs, ce qui en soi était déjà un exploit.

Numéro six, l'Angleterre.

Numéro cinq, l'Ukraine.

Numéro quatre, la Russie.

J'étais dans les trois premiers. Mon père m'avoua plus tard qu'il n'avait pas cru que j'irais aussi loin, car toutes les caméras étaient tournées vers les Russes et la Japonaise.

Numéro trois, encore la Russie.

Tout allait se jouer entre moi et la Japonaise, la chérie des médias, celle que, d'après le professeur Zhao, personne ne pouvait battre. Bon, pensai-je, j'étais arrivé numéro deux. Pour la première fois, je me voyais capable de vivre avec une deuxième place.

Puis j'entendis les mots.

Numéro deux… Je fermai les yeux, retins mon souffle et quand la voix prononça le nom, ce n'était pas le mien, mais celui de la Japonaise !

Je me levai d'un bond, si excité que j'en tremblais. Quand on annonça mon nom, j'agitai les bras. J'étais numéro un.

— Je savais que tu finirais premier, affirma le professeur Zhao. J'en étais sûr.

Je ne lui dis rien. Mon père non plus. Il n'y avait rien d'autre à dire que : « Merci. »

Un des juges me chuchota à l'oreille :

— Il y avait du soleil dans ton jeu, Lang Lang, un soleil glorieux et brillant.

Beaucoup de mes concurrents vinrent me voir, les larmes aux yeux, pour me dire que je les avais touchés. Très ému de leurs encouragements, je leur adressai tous mes vœux pour la suite de leurs carrières.

Les flashs commencèrent à crépiter et les journalistes m'entourèrent. Ils me demandèrent quelle était ma réaction.

— Je suis très honoré, dis-je. J'ai l'impression d'avoir eu beaucoup de chance ; les autres concurrents étaient vraiment très forts.

— Quel sera votre prochain concours ? voulurent-ils savoir.

— Je n'en sais rien, répondis-je.

— Ce que je sais, dit mon père plus tard, alors que nous étions seuls, c'est qu'après cette grande victoire, Lang Lang, ta vie ne sera jamais plus la même.

3. La bataille de Rachmaninov

À mon retour à Pékin, non seulement ma mère m'attendait à l'aéroport, mais il y avait aussi le président du conservatoire et la presse. Je recevais l'attention réservée aux superstars du sport ou du cinéma, l'attention dont j'avais toujours rêvé et que j'aurais aimé recevoir à mon retour d'Allemagne. Je planais. Mes pieds ne touchaient plus terre. À la Salle des concerts de Pékin, je jouai la totalité des vingt-quatre études de Chopin et les critiques m'encensèrent. J'avais treize ans.

Il ne semblait pas se passer de semaine sans qu'un grand article sur moi sorte dans la presse. J'étais finalement devenu le roi du conservatoire mais, curieusement, le professeur Zhao parut vouloir me disputer le titre. Il courtisait la presse et s'attribuait le mérite de tous mes succès, même celui de la distinction spéciale en Allemagne. D'après Zhao, c'était lui qui avait insisté pour que je joue le *Concerto nº 2* de Chopin, lui qui avait découvert et cultivé mon talent, lui qui faisait des plans pour mon avenir.

À peu près à la même époque, les professeurs du conservatoire de musique préparaient un programme de

Nouvel An pour la télévision nationale, une émission où apparaîtraient leurs meilleurs élèves. Zhai, le garçon que j'avais surnommé le Maître de la Région Nord, un des protégés du professeur Ling, l'épouse du professeur Zhao, devait aussi y participer. Il avait été le jeune pianiste le plus célèbre de Chine, mais je l'avais remplacé. En arrivant aux studios de la télévision, je m'aperçus que le professeur Ling avait donné à Zhai le morceau prévu pour moi.

— C'est inacceptable, déclara mon père. Et injuste.

— Qui êtes-vous pour faire ce genre de remarque ? demanda le professeur Ling. Vous n'êtes qu'un parent. Nous sommes les professeurs.

— Vous avez donné à Zhai l'œuvre que Lang Lang a préparée. Pourquoi faire une chose pareille ?

— Ce que nous faisons ou ne faisons pas est notre affaire, en tant que professionnels. Vous êtes un amateur, vous ne comprenez rien à ces questions.

— Mais, professeur…, commença mon père, avant qu'elle ne le coupe et se mette à hurler, là, devant les cameramen et les réalisateurs.

— Sortez-moi cet homme du plateau ! Je ne veux plus le voir ! Sécurité ! Veillez à ce que cet homme quitte le studio immédiatement !

Sa tirade éveilla en moi une férocité jusque-là inconnue ; toute ma vie, je m'étais conduit en élève docile et respectueux mais maintenant, c'était à moi de me battre pour mon père, comme il s'était battu pour moi toutes ces années.

— S'il s'en va, je m'en vais aussi, menaçai-je.

Mon ultimatum coupa net l'hystérie du professeur Ling.

— Et si je ne peux pas jouer le morceau que j'ai préparé, je m'en irai de toute façon, ajoutai-je.

Sa bouche se tordit comme pour esquisser toutes sortes de protestations, mais il n'y avait rien qu'elle puisse dire.

Une discussion s'ensuivit entre le réalisateur de la télévision, le professeur Zhao et la femme de celui-ci. Je les entendis se disputer. Finalement, ils s'approchèrent de moi.

— C'est d'accord, Lang Lang, me dirent-ils. Exécute le morceau que tu as préparé. Zhai trouvera autre chose à jouer.

Et ainsi prit fin la bataille qui m'opposait au professeur Zhao. J'en émergeai vainqueur.

— Il est grand temps pour Lang Lang de jouer le *Troisième Concerto pour piano* de Rachmaninov, dit mon père au professeur Zhao quelques semaines plus tard.

Nous étions tous les trois dans le bureau du professeur au conservatoire, à faire des plans pour mon avenir.

— Non, dit le professeur. Il n'est pas prêt. Ces œuvres de Rachmaninov sont bien trop difficiles. Elles ne pourront que le frustrer.

— Il les maîtrisera en un rien de temps, affirma mon père.

— Il les massacrera. Il doit attendre. Le conservatoire a un système auquel nous devons nous conformer. Nous avons un plan d'études établi et Rachmaninov ne vient que plus tard.

— Je me moque bien des règlements de votre école, dit papa.

— Eh bien, moi pas, insista le professeur.

— Pour ce qui est d'apprendre la musique, depuis quand Lang Lang suit-il les règles de l'école ? fit remarquer mon père. Il a toujours eu son propre parcours.

— C'est mon parcours qu'il a toujours suivi.

— Dans le passé, peut-être, mais pas à l'avenir, dit mon père. Un pianiste prodige grec a débuté au Carnegie Hall à l'âge de treize ans avec le troisième de Rachmaninov et s'il a pu y arriver, Lang Lang y arrivera aussi. De plus, nous avons été invités à New York par Chengzong Yin.

— Je l'interdis. Lang Lang est mon élève, pas celui de Chengzong Yin.

— Lang Lang est mon fils, professeur Zhao, pas le vôtre.

— Tu es sûr que c'est la bonne chose à faire ? demandai-je à mon père. Si nous nous fâchons avec le professeur Zhao, nous n'aurons plus personne de notre côté au conservatoire.

— Maintenant que tu joues sur scène, il faut que tu ailles étudier la musique classique à l'Ouest. Tu as besoin de voir le monde, expliqua mon père. Nous devons aller en Amérique et chercher les meilleurs professeurs qu'il y ait là-bas.

— Pourquoi pas en Europe ? Pourquoi pas en Allemagne ? demandai-je, me rappelant la beauté, la nourriture, l'hospitalité.

— L'Europe compte beaucoup de merveilleux professeurs, mais pour lancer ta carrière de concertiste, ce sera plus facile en Amérique. L'Amérique n'est pas aussi traditionnelle ni aussi guindée que l'Europe. L'Amérique est plus ouverte aux nouvelles idées et aux nouveaux artistes. L'Amérique possède d'excellents conservatoires de musique et d'excellents professeurs.

— Mais où est-ce qu'on va trouver l'argent ?

— En Amérique. L'Amérique est le pays le plus riche du monde.

IV

L'AMÉRIQUE

1. L'Amérique

Carnegie Hall et Michael Jordan, voilà les deux choses que j'avais le plus envie de voir en Amérique. S'il ne me fut pas possible de voir Michael Jordan, sans doute aussi célèbre en Chine qu'aux États-Unis, je me retrouvai un jour devant le Carnegie Hall. Chengzong Yin avait organisé un concert au Steinway Hall, sur la 57e Rue, et Carnegie Hall n'était qu'à un bloc de là. Mon père et moi avions une heure d'avance et, apprenant que la célèbre salle de concert était tout près, je décidai de descendre la rue à pied pour aller y jeter un coup d'œil.

Je suis tombé amoureux de New York au premier regard. La ville battait comme un cœur et ses rythmes m'enivraient. Les gratte-ciel s'y bousculaient, semblant se défier les uns les autres. De même pour les gens dans la rue. Compétiteur moi-même, je me fondais dans ce labyrinthe de compétition urbaine. Qui marchera le plus vite ? Qui gagnera le plus d'argent ? Du haut de l'Empire State Building, j'ai pu voir jusqu'au bout du monde. Je me suis promené autour du Rockefeller Plaza et me suis perdu dans les grandes étendues de Central Park. Mais c'était Carnegie Hall, le paradis de la musique, le temple des temples, qui symbolisait tout ce que j'attendais de cette grande ville.

Par chance, une des portes était ouverte et je pus me faufiler à l'intérieur. Un homme passait l'aspirateur dans le hall mais il ne fit pas attention à moi et je parvins jusqu'à la salle elle-même. Le cœur battant la chamade, je pensais à tous ceux qui avaient joué là. Je pensais tout particulièrement aux deux hommes que j'idolâtrais le plus : Arthur Rubinstein et Vladimir Horowitz. Je les imaginais, assis sur scène devant moi, jouant pour un public qu'ensorcelait chacune de leurs phrases. À cet instant, je rêvai au jour où, moi aussi, je donnerais un récital en solo dans ce lieu sacré. Comme le dit Isaac Stern dans un film que j'ai vu un jour : quand on joue au Carnegie Hall, tous les grands musiciens écoutent, car leurs esprits sont là.

Faites que cela se réalise, priai-je à l'adresse des dieux, des muses et de tout autre pouvoir mystique susceptible d'influencer le cours des événements humains.

Plus tard dans la matinée, j'étais de retour à Steinway Hall, une structure à l'architecture imposante, une immense salle ronde couverte de peintures à l'huile représentant toutes les grandes figures de l'histoire du piano. Je sentais leurs regards sur moi et, tout naturellement, cela me rendit nerveux.

Chengzong Yin avait invité bon nombre d'éminents critiques et d'enseignants réputés à venir écouter mon premier concert américain. Il me présenta comme une étoile montante promise à un brillant avenir. Dans cette vaste métropole où s'étaient produits tous mes héros, j'eus soudain peur que ce public impartial ne soit pas du même avis que lui. Avant que je ne m'avance vers le piano, mon père, voyant mon appréhension, me donna la traditionnelle petite tape dans le dos, ce geste qui me donnait du courage.

Tandis que je jouais devant tous ces gens importants dont je ne comprenais pas encore la langue, je sentis ma peur se dissiper. Je repris le programme des vingt-quatre études de Chopin qui avait conquis le public de Pékin et, cette fois encore, la magie opéra.

Chengzong Yin nous fit part des appréciations élogieuses d'à peu près toutes les personnes présentes.

— Nous devrions bientôt recevoir des offres de bourses pour différentes institutions, assura-t-il à mon père. Cela permettra à Lang Lang de rester aux États-Unis, de se trouver un agent et de lancer sa carrière.

J'avais gagné une bourse pour un camp d'été musical à Walnut Hill, à une vingtaine de kilomètres à l'est de Boston, où enseignait Chengzong Yin. Le camp élargit mes horizons bien au-delà de l'instruction musicale. J'appris à nager et trouvai une merveilleuse liberté à glisser ainsi dans l'eau. Le tennis fut une autre révélation. J'éprouvais un plaisir inattendu à taper sur cette petite balle poilue qu'on se renvoyait au-dessus d'un filet. C'était encore mieux que le ping-pong. Sur le terrain de basket, je me prenais pour Michael Jordan et je sautais pour marquer en berçant des rêves fous de NBA. Durant un mois, je connus le rythme de vie d'un adolescent normal pendant l'été – marcher dans les bois, plonger dans un lac, jouer au ballon. Bien sûr, il y avait le travail au piano et j'essayais aussi d'apprendre l'anglais.

Le point culminant du camp fut une expédition dans les Berkshires où le Festival de musique de Tanglewood, dans un décor champêtre de toute beauté, me fit découvrir le talent d'André Watts, pianiste de renommée internationale qui, quelques années plus tard, allait changer le cours de ma vie.

Une sortie au musée des Beaux-Arts de Boston nous conduisit en ville pour une journée. Je fus frappé par la taille des collections et la variété des cultures représentées – ancienne, moderne, américaine, européenne et asiatique. Je me plantai devant *D'où venons-nous ? Que sommes-nous ? Où allons-nous ?* de Paul Gauguin et m'interrogeai sur ses mystères érotiques. J'eus un coup de foudre pour Monet. Je tombai en ravissement devant les toiles du Titien, de Rembrandt, de Renoir et de Van Gogh. Elles me firent remonter le temps et comprendre la vraie nature de l'art, ses passions échevelées et sa beauté extravagante.

Tout me parut merveilleux dans ce camp d'été en Nouvelle-Angleterre, à l'exception d'une chose : la présence constante de mon père. Normalement, les adolescents étaient à deux par chambre ; moi, j'en partageais une avec mon père. Les autres étaient venus seuls tandis que j'étais accompagné par mon père, qui veillait à ce que je m'entraîne tous les jours. À la fin du camp, il me demanda si je voulais donner un récital pour les personnes âgées d'une maison de retraite. Le cachet était de deux cents dollars et j'acceptai très volontiers. Décidé à donner mon maximum, j'offris à mon public les vingt-quatre études de Chopin. Ils furent enchantés et à la fin du concert, j'étais épuisé. Mes efforts méritaient bien un jour de congé.

— Non, déclara mon père. Pas de jour de congé. Les Américains peuvent se permettre de rater une séance d'exercice mais pas toi. Demain, tu feras tes quatre heures, comme tous les jours.

Et je fis mes quatre heures.

Pendant ce temps, en dépit des efforts de Chengzong

Yin, personne ne m'avait offert de bourse pour étudier à plein temps dans une école américaine.

— Il faut encore un peu de temps, disait Chengzong Yin. Soyez patients.

Mais j'avais goûté à l'Amérique et j'en voulais plus. J'étais déscolarisé et désorienté, tiraillé entre l'Occident et l'Orient.

Tout changea avec l'arrivée d'un télégramme venu de Chine. Ma première pensée fut que maman était malade.

— Que se passe-t-il ? m'inquiétai-je.

— Rien du tout. Tout va très bien ! Il faut nous dépêcher de nous préparer, répliqua mon père.

— Nous préparer à quoi ?

— À rentrer en Chine.

— Quand ?

— Aujourd'hui, demain, le plus tôt possible.

— Mais pourquoi ? Pourquoi doit-on partir ? Moi je me plais ici !

On m'avait demandé de me produire en tant que soliste devant le président chinois Jiang, lors du concert inaugural de l'Orchestre national symphonique de Chine. Un concert qui serait diffusé à la télévision nationale.

— Nous devons nous dépêcher de rentrer, me dit mon père. Tu dois commencer à répéter immédiatement.

— Et l'Amérique ? demandai-je.

— Tu reviendras, Lang Lang. Tu n'auras même pas le temps d'y penser que tu seras déjà revenu.

2. L'adieu

Le 6 septembre 1996, à l'âge de quatorze ans, je jouai *Fantaisie pour piano, orchestre et chœurs* de Beethoven devant le président de mon pays, au concert d'inauguration du premier orchestre symphonique à plein temps de l'histoire de la Chine, l'Orchestre national symphonique de Chine, connu jusque-là sous le nom d'Orchestre central. Le public rassemblait les plus illustres dignitaires des mondes de l'art, de la culture et des affaires. Je n'avais jamais joué ce morceau auparavant et n'avais eu qu'une semaine pour le répéter.

— Maintenant, toi aussi tu es un dignitaire, me dit ma mère dans la loge, en m'aidant à enfiler mon habit. Tu es quelqu'un d'important pour la culture de notre pays.

Ses paroles calmèrent un peu le trac qui me tordait l'estomac mais il fallut la petite tape dans le dos de mon père pour me faire avancer et jouer avec une assurance qui me surprit moi-même. Le président, ensuite, eut pour moi des mots aimables.

— Vous êtes un garçon brillant, dit-il, et vous représentez notre nation d'une façon admirable.

À cause de ma renommée grandissante, le conservatoire

me pressa de rester en Chine et de continuer mes études dans leur établissement. Ils offrirent même d'engager un professeur étranger spécialement pour moi. Cependant, mon père et moi ne voulions pas offenser le professeur Zhao et notre objectif restait l'Amérique. En remportant le concours Tchaïkovski au Japon, j'avais obtenu un contrat avec la maison de disques japonaise JVC Victor. Lors de l'enregistrement de mon premier disque, je fis la connaissance d'une dame qui était amie avec un certain M. Yeh, un chef d'orchestre vivant dans l'Indiana. M. Yeh connaissait Gary Graffman, le célèbre pianiste de concert qui avait été président de l'Institut Curtis à Philadelphie, et il lui envoya la cassette de ma séance avec le Philharmonique de Moscou ainsi qu'une autre où je jouais les vingt-quatre études de Chopin à la Salle des concerts de Pékin.

M. Graffman fut intrigué.

— Où peut-on trouver ce garçon ? demanda-t-il à M. Yeh.

M. Yeh expliqua que j'étais venu récemment aux États-Unis, mais que j'étais maintenant de retour à Pékin. M. Graffman lui demanda de me contacter immédiatement. Il voulait me faire auditionner pour Curtis le plus rapidement possible.

Je connaissais Gary Graffman comme un des meilleurs pianistes et professeurs de piano, et je savais en outre qu'il avait été l'un des élèves d'Horowitz. Apprendre de quelqu'un qui avait reçu l'enseignement d'Horowitz – que pouvais-je demander de plus ? J'étais ravi. Bien sûr, il me faudrait passer l'audition ; M. Graffman avait adoré mes cassettes, mais son école exigeait d'entendre les candidats en personne. Et même si M. Graffman s'était montré aussi encourageant que possible, rien n'était garanti.

— Tu n'échoueras pas, m'assura mon père. Tu as déjà affronté des situations bien plus difficiles que celle-ci. Tu as réussi l'impossible en Allemagne et au Japon, alors crois-moi, tu vas en mettre plein la vue à Curtis !

On fixa une date. J'allais retourner en Amérique.

Oui, mais… et maman ? Si je remportais la bourse et que je partais vivre à l'étranger, maman pourrait-elle venir aussi ?

Ma mère m'informa que j'allais devoir partir sans elle. Elle craignait toujours de quitter son emploi – mon avenir n'était pas encore assuré.

— Je vais peut-être rester là-bas des années. Je ne sais pas quand je pourrai revenir, protestai-je.

— Regarde comme le temps a passé vite depuis que tu es parti à Pékin. Regarde toutes les bonnes choses qui nous sont arrivées depuis. Il t'arrivera de bonnes choses en Amérique aussi et tu seras de retour en Chine avant même de t'en rendre compte.

Je savais qu'elle disait vrai ; pas moyen de contester sa logique. Si je devais partir étudier dans une école de musique à l'étranger, il faudrait que mon père vienne avec moi.

Nous étions en mars 1997. Bien que mes chances d'être admis à Curtis fussent excellentes, l'école ne payait pas mon voyage et nous allions devoir prendre l'argent sur le salaire de ma mère. Les prix en espèces remportés dans le passé avaient servi à rembourser nos dettes. Nous étions toujours sans le sou et pour pouvoir acheter deux billets aller-retour pour les États-Unis, il fallut encore emprunter à la famille et aux amis.

Quand j'arrivai à Philadelphie, la ville était recouverte d'un manteau de neige. Le campus du célèbre

Institut de musique Curtis, que Rudolf Serkin avait autrefois présidé et qui comptait parmi ses anciens élèves des artistes comme Leonard Bernstein, Gian Carlo Menotti et Samuel Barber, ne m'en parut que plus magique.

L'école était un ensemble d'imposantes maisons bourgeoises situées à Center City, Philadelphie, sur Rittenhouse Square, dans le cœur historique de la cité. Chacun des bâtiments avait été préservé avec un soin jaloux ; les tapis d'Orient, les boiseries, le mobilier ancien, tout était magnifique et s'y promener était comme remonter le temps. Tandis qu'on nous escortait mon père et moi jusqu'au bureau de M. Graffman, j'eus l'impression de voyager dans les débuts de l'histoire des États-Unis, du temps où les Américains combattaient encore les Anglais pour leur indépendance. À l'opposé du rythme effréné de New York la moderne, Philadelphie paraissait plus ancienne, plus calme.

J'ai rarement rencontré un homme aussi cordial que M. Graffman. Il nous salua, mon père et moi, en mandarin. Entre autres choses, il était expert en culture chinoise. Son bureau était rempli de peintures chinoises, de sculptures chinoises, de calligraphies chinoises et d'objets rares provenant des anciennes dynasties chinoises. Il en savait plus que moi sur l'histoire de mon pays et me mit tout de suite à l'aise.

— Aujourd'hui, je voudrais juste te donner une leçon de courte durée et t'aider à préparer l'audition de demain, me dit-il. Si j'ai bien compris, tu as l'intention de jouer la *Sonate opus 110* de Beethoven, ainsi que les *Préludes et Fugues* de Bach.

— Oui.

— Eh bien, c'est parfait. Je suis sûr que tu t'en tireras

magnifiquement. Et maintenant, si tu veux bien, commençons par Beethoven.

Tandis que je jouais, je me rendis compte qu'il ne me jugeait pas, mais qu'il m'appréciait. Il ne cherchait pas les défauts dans mon jeu, préférant en reconnaître les qualités. Quand j'eus fini, il fit quelques commentaires à propos de certains phrasés, mais les présenta davantage comme des suggestions que comme des ordres. Il y avait chez lui une douceur qui me faisait penser au professeur Zhu. Il motivait non par la peur, mais par l'amour – l'amour de la musique, l'amour de ses protégés, l'amour de l'enseignement. Je n'avais jamais encore étudié avec un interprète de classe internationale et dès la première seconde, j'eus conscience de son immense talent de pianiste.

— Demain, me dit-il, tu seras certainement impressionné par ceux qui viendront écouter ton audition.

Je remarquai qu'il avait dit « écouter » et non « juger ».

— Qui sera là ? demandai-je.

— Leon Fleisher, Claude Frank, Seymour Lipkin et Peter Serkin.

À la mention de toutes ces grandes figures du piano classique, mon inquiétude dut se lire sur mon visage, car M. Graffman s'empressa de me rassurer.

— Ils seront tous impressionnés par ta virtuosité et tes qualités de musicien. Tout ce que tu auras à faire, c'est te détendre et te laisser aller au plaisir de la musique. Je compte bien y prendre plaisir moi aussi.

— Je suis sûr que nous prendrons tous plaisir à écouter Lang Lang demain, affirma mon père.

— Malheureusement, Lang Guoren, répondit M. Graffman, les parents ne sont pas admis dans la salle pendant les auditions.

Nous étions logés dans la ravissante demeure d'une famille américaine à Center City et cette nuit-là, alors que je dormais, le bras de mon père autour de moi, je rêvai de tempêtes de neige sur des pays lointains, je rêvai de Michael Jordan qui sautait pour marquer et remportait le championnat, je rêvai de l'équipe olympique chinoise de gymnastique qui récoltait des médailles d'or.

À mon réveil, la ville était encore toute blanche. À l'âge de quatorze ans, j'avais déjà remporté de nombreux concours importants mais je savais que cette audition mettrait mes capacités à rude épreuve. Mon père avait souligné l'importance pour moi d'une éducation musicale américaine.

— L'Amérique est le pays le plus ouvert, celui où il y a le plus de possibilités. En Amérique, tous les espoirs sont permis.

À notre arrivée au bâtiment principal de Curtis, il y avait là d'autres élèves qui attendaient dans le hall. L'anglais de mon père, inexistant, et le mien, rudimentaire, ne nous permettaient pas de comprendre les instructions données par les organisateurs. C'est alors que la chance nous sourit une fois encore. Un jeune Chinois apparut.

— Puis-je vous aider ?

— Je vous en prie, dit mon père. Nous ne comprenons rien à ce qu'on nous dit.

— Est-ce que vous venez du nord de la Chine ?

— Oui, répondis-je, et vous ?

— Oui, j'ai reconnu votre accent.

Ge Qun Wang, surnommé GQ comme le célèbre magazine, se présenta comme un étudiant en chant lyrique. Il me dirigea vers le deuxième étage où se tenaient les auditions mais informa mon père qu'il n'était pas autorisé à m'accompagner. Vingt minutes plus tard, comme je m'apprêtais à entrer dans la salle, je vis accourir GQ.

— Ton père m'a demandé de te donner une petite tape dans le dos et de te dire que tu es numéro un.

Dans la pièce se tenait un jury composé des juges les plus éminents que j'aie jamais rencontrés – Graffman, Serkin, Fleisher, Frank, Lipkin. Pourtant, je n'avais pas peur. J'étais transporté de joie à l'idée de montrer à ces brillants artistes à quel point j'avais travaillé dur, toutes ces années, pour cette musique qu'ils aimaient plus que tout.

— Tu as si bien joué ! me félicita M. Graffman deux heures plus tard. Tu as été le meilleur de tous les candidats.

Il m'annonça que j'avais gagné une bourse complète, un appartement avec un piano à queue Steinway dans le salon et la prise en charge de mes dépenses courantes.

Quand je racontai cela à mon père, il ne me crut pas.

— Tu es sûr d'être assez bon en anglais pour avoir compris ce qu'il t'a dit ?

— Il me l'a dit en chinois.

— Répète-le-moi encore. Je n'arrive pas à y croire.

La nouvelle était d'une telle intensité que mon père dut s'asseoir sur le lit pour l'assimiler. Sur le moment, je crus que ses difficultés respiratoires étaient dues à l'émotion causée par la bonne nouvelle, mais le lendemain, dans l'avion qui nous ramenait en Chine, il devint évident qu'il avait vraiment un problème. À la moitié du vol, il commença à suffoquer et je m'inquiétai pour de bon. J'avertis l'hôtesse, qui m'informa qu'elle allait alerter l'aéroport de Pékin pour qu'une ambulance nous attende à l'arrivée.

Maman nous attendait aussi. Elle me félicita pour ma

bourse mais mes bonnes nouvelles furent vite reléguées au second plan par l'état de papa. À l'hôpital, les médecins lui firent une radio de la gorge et trouvèrent deux grosses tumeurs. Ils furent incapables de nous dire s'il s'agissait d'un cancer ni à quel point c'était grave, mais ils nous informèrent que nous ne pourrions pas voir mon père ; la tentation de parler serait trop forte et cela ne ferait qu'aggraver les choses.

Je ne voulais pas quitter mon père. J'étais incapable d'imaginer la vie sans lui. En dépit de toutes les misères qu'il m'avait infligées, en dépit de sa sévérité et de ses méthodes militaristes, je savais combien j'avais besoin de lui et combien il désirait venir en Amérique pour m'aider à réaliser mon rêve. Pour la première fois, je compris à quel point je l'aimais. Il était tout simplement impossible qu'il meure.

Ce fut une période très sombre. Je pleurais sans arrêt ; la nuit, ma mère me berçait dans ses bras tandis que je sanglotais jusqu'à ce que je sombre dans le sommeil.

— Tout ira bien, Lang Lang, m'assurait-elle. Ton père va s'en sortir. C'est quelqu'un de fort.

Mais ses paroles ne m'étaient d'aucune consolation. Sans mon père, qu'est-ce que j'allais devenir ?

Heureusement, les tumeurs étaient bénignes et purent être enlevées sans complications. Mais mon père allait devoir rester à l'hôpital un long moment.

— Je viendrai te voir tous les jours, dis-je à mon père.

— Je ne veux pas que tu viennes me voir, objecta-t-il, je veux que tu travailles.

Quand on le laissa finalement sortir, il allait bien – à part le fait qu'il ne pourrait pas parler pendant encore un mois. Cela ne me dérangeait pas. Moi, je pouvais lui parler et pour une fois, il était dans l'incapacité de répliquer.

Pour communiquer, il griffonnait sur des bouts de papier. Un après-midi, comme nous parlions des mois qu'il nous restait à passer en Chine, il écrivit : « Il faudrait faire quelque chose de marquant. Nous devons quitter la Chine en beauté. »

— Comment ça ? demandai-je à haute voix.

Il réfléchit un moment, puis inscrivit deux mots :

« Tournée d'adieux. »

3. Pékin 9, Shanghai 1

Mon père avait survécu à la grave menace pesant sur sa vie. Ma mère avait survécu à cinq années sans son fils et son mari. J'avais survécu à une vie de folle compétition, avec à mes côtés un père encore plus fou, qui trouvait le moyen de me faire des reproches même quand il me réconfortait. En tant que famille, nous étions divisés de bien des façons, mais nous étions aussi unis ; nous étions liés par le sang et par notre dévouement à la poursuite de mon éducation musicale – qui maintenant devenait ma carrière musicale.

La tournée d'adieux commençait à Pékin et passait par Shangai, le centre commerçant de la Chine, où j'étais peu connu, avec des étapes à Xi'an, Shenyang, Dalian, Changchun et Harbin. L'intérêt que je suscitais était suffisant pour que mon père m'organise quelques concerts choisis pour lesquels je serais payé. Avant même de commencer mes études aux États-Unis, j'étais déjà passé professionnel.

Mon père considérait Shanghai comme l'ultime conquête. Dans son esprit, j'avais triomphé à Pékin et reçu des louanges enflammées, mais Shanghai, c'était autre chose. C'était le summum du goût et du raffinement chinois et la ville s'enorgueillissait d'un excellent conservatoire. Beaucoup de mes rivaux d'autrefois y avaient fait leurs classes. Là-bas, les gens se considéraient comme LES connaisseurs en musique classique et, de l'avis de mon père, si j'arrivais à conquérir les sceptiques de Shanghai, je quitterais la Chine sur un nuage de gloire.

Les derniers concerts étaient des récitals, car cela coûtait trop cher de se produire avec un orchestre et de plus, raisonnait mon père, c'était moi que les gens voulaient voir, un jeune garçon seul en scène. Les gens de Shanghai, cependant, ne tardèrent pas à se plaindre du prix élevé des billets.

— Qui est donc ce gamin, demandaient-ils, et en quel honneur réclame-t-il le prix fort pour un simple récital ?

Pourtant, en dépit de leurs doutes, la curiosité l'emporta et le récital se joua à guichets fermés.

Ce fut un jour riche en événements, dans le contexte de la rivalité ancestrale entre le nord et le sud de la Chine. Bien sûr, en tant que nordiste de Shenyang, ma loyauté allait à Pékin. On m'avait dit que les habitants de Shanghai considéraient les gens de Pékin comme des ploucs. Fanatique de football, ce fut donc avec grand plaisir, le jour même de mon concert, que je vis Pékin battre Shanghai 9 à 1 dans un match à couteaux tirés. Je débordais de joie en regardant le match. On les avait carrément aplatis ! Et si nos joueurs pouvaient les battre si facilement au football, je pouvais bien en faire autant au piano. En arrivant à la salle, j'étais bien décidé à être inoubliable.

Je le fus ce soir-là. Les sonates de Beethoven, de Mozart, toutes les études de Chopin, les *Rhapsodies hongroises* de Liszt – un programme ambitieux qui conquit le public dès les tout premiers instants. Quand arriva la fin, les bonnes gens de Shanghai se levèrent pour m'acclamer. Nous avions gagné pour la deuxième fois de la journée.

L'après-midi suivant, je posai avec l'équipe de foot de Pékin pour une photo qui s'étala en première page des journaux de Shanghai.

Le concert à Shanghai était le plus important aux yeux de mon père mais pour moi, c'était mon dernier concert en Chine, dans ma ville natale de Shenyang, qui comptait le plus. Là-bas, je jouerais pour mes professeurs – dont le professeur Zhu –, pour ma famille et pour une ville peuplée d'amis. Je n'avais pas besoin de conquérir les gens de Shenyang comme je l'avais fait à Shanghai. Shenyang m'avait aimé et soutenu dès le premier jour.

Je me faisais une fête du long voyage en train jusque chez nous, parce que mes parents et moi voyagions en famille. Dans le train, je m'assis à côté de maman et lui fis part des espoirs et des appréhensions que suscitait en moi ce prochain départ pour l'Amérique. Elle m'écouta avec son cœur, comme toujours. Elle comprenait bien les émotions conflictuelles qui m'agitaient et fit de son mieux pour me réconforter. Nous parlions depuis plus d'une heure quand mon père, installé de l'autre côté du couloir, s'avança vers nous, l'air furieux.

— Ça suffit comme ça !

— Qu'est-ce qui suffit comme ça, Lang Guoren ? demanda ma mère.

— Ça suffit, tu as assez parlé avec Lang Lang.

— Et pourquoi Lang Lang ne pourrait-il pas parler à sa mère, Lang Guoren ?

— Parce qu'il devrait être en train d'étudier son anglais et d'apprendre les partitions des morceaux qu'il va jouer à Shenyang.

— C'est important pour Lang Lang et moi de passer du temps ensemble, expliqua maman. Dieu sait combien de temps nous allons être séparés. Il ne reviendra pas d'Amérique avant des années.

— Il doit quand même étudier.

— Un garçon normal a besoin de passer du temps avec sa mère.

— Notre fils n'est pas un garçon normal. Tu lui fais perdre son temps, Zhou Xiulan.

— Perdre son temps ! Aimer mon fils, tu appelles ça du temps perdu ?

— Arrête donc de te plaindre. Laisse ce garçon tranquille. À le couver comme ça, tu ne feras qu'affaiblir sa détermination. Tu crois lui faire du bien, mais tu lui fais du mal.

À ces mots, ma mère se mit à pleurer. Elle pleurait en silence, essayant de retenir ses larmes pour ne pas me faire de peine, mais elle était incapable de s'arrêter. De nous trois, elle avait été la plus forte, endurant une solitude sans fin, tout cela pour moi, et maintenant mon père voulait lui voler le peu de temps qui lui restait avant que je ne sois complètement hors d'atteinte.

— Je veux rester ici avec maman, insistai-je.

— Je me moque bien de ce que tu veux, répliqua mon père.

Il me tira hors de mon siège et me jeta sur la banquette à côté de lui.

— Tiens, ton livre d'anglais, dit-il. Et tes partitions. Mets-toi au travail.

Il y a une célèbre chanson populaire chinoise qui s'appelle *Mon pays*, une chanson dont je n'étais jamais parvenu à rendre les émotions ; en toute honnêteté, je ne l'avais jamais aimée. Je ne comprenais pas sa signification profonde et parvenais encore moins à la ressentir. Il s'agit d'une vieille chanson du temps de mes grands-parents, à la mélodie empreinte d'une tristesse introspective qui me semblait trop éloignée de ma propre expérience. Pourtant, le soir de mes adieux à Shenyang, je compris ce morceau comme jamais auparavant. Dans mon âme se nichait cette même tristesse. Tandis que je jouais *Mon pays*, toute l'excitation que je ressentais à l'idée de commencer une nouvelle vie sur une terre d'opportunités s'effaça peu à peu. J'allais quitter mon pays – ma ville, ma famille, ma mère. Mes yeux se remplirent de larmes au fil d'une chanson qui disait, tout simplement, au revoir.

À la réception de gala qui suivit, toute ma petite enfance à Shenyang me revint en mémoire tandis que je saluais de vieux amis et des amis de mes parents. Ce fut un très bon moment que j'aurais voulu partager avec ma mère, mais elle était introuvable. Je demandai à tout le monde où elle était partie ; personne ne l'avait vue. Je commençais à m'inquiéter. Qu'est-ce qui avait bien pu arriver pour que ma mère n'assiste pas à ma fête d'adieu ?

— Où est partie maman ? demandai-je à mon père quand je finis par le trouver. Pourquoi n'est-elle pas là ? Tout le monde la demande.

— Elle est à la maison, répondit-il. Elle fait nos bagages pour le vol de demain.

— Ce n'est pas juste ! protestai-je.

— Si elle ne le fait pas… qui va le faire ? répliqua mon père.

Je passai les contrôles en serrant dans ma main une pièce chinoise porte-bonheur, cadeau avisé d'un jeune ami musicien. Je levai les yeux vers le drapeau chinois et dis :

— Un jour, je reviendrai et vous serez fiers de moi !

J'embarquai dans l'avion, m'installai près de mon père et pensai à ma mère.

— Quand est-ce qu'on la reverra ? demandai-je.

— Impossible à dire, fit papa.

— Un an ? Deux ? Trois ?

— Peut-être plus. En Amérique, il va falloir que tu t'y mettes, tu vas devoir étudier d'une façon nouvelle pour toi. Tu as une langue à apprendre et une carrière à faire. C'est de ça que tu devrais surtout te préoccuper, pas de ta mère.

L'avion s'élança sur la piste et s'éleva dans les airs, trouant un ciel semé de nuages épars. C'était mon troisième voyage vers l'Amérique mais cette fois, c'était différent. Je partais pour de bon.

4. Hip-Hop

Durant les six années que mon père et moi avions passées à Pékin, nous avions vécu dans une extrême pauvreté. Nous avions connu des hivers glacials dans des appartements sans chauffage, dans les pires quartiers de la ville. Nous nous déplacions sur un vieux vélo et devions gratter sou à sou pour manger. Nous avions dû mendier et emprunter l'argent nécessaire pour aller en Allemagne, et les prix gagnés nous avaient tout juste permis de payer nos dettes. La victoire au Tchaïkovski, si douce à nos cœurs, n'apporta aucun remède à nos problèmes financiers. Mes premiers concerts payants rapportèrent suffisamment pour payer nos billets d'avion pour l'Amérique.

Ce n'est qu'une fois arrivés là-bas qu'il nous fut enfin possible de respirer. Pour la première fois depuis que j'avais commencé le piano, la pression se relâchait. Pour la première fois depuis que nous avions quitté Shenyang, nous vivions au-dessus du seuil de pauvreté. Curtis payait tout – scolarité, leçons particulières avec Gary Graffman, livres, dépenses courantes et un précepteur particulier pour m'enseigner l'anglais.

Ils avaient même envoyé une voiture nous prendre à l'aéroport. Quand le chauffeur nous déposa devant une tour du centre-ville, je me crus dans un décor hollywoodien. L'ascenseur nous emmena jusqu'au septième étage et, au bout du couloir, la porte s'ouvrit sur un deux-pièces équipé du chauffage central, de l'air conditionné, d'une salle de bains rien que pour nous et, le plus sidérant de tout, d'un piano Steinway B de trois mètres cinquante de long trônant dans le salon. En le voyant, je compris que j'avais décroché le jackpot.

Notre fenêtre donnait directement sur le chantier de construction du Centre Kimmel des arts du spectacle, future salle de concerts du Philadelphia Orchestra. Au cours des années suivantes, il me sembla que ma nouvelle vie se construisait en même temps que ce bâtiment ; j'imaginais ma carrière qui montait, montait, montait.

Cette nuit-là, je m'agitai sans arrêt. Je sautais du lit toutes les cinq minutes pour courir au salon toucher le Steinway, juste pour m'assurer que je ne rêvais pas. Dans le lit d'à côté, papa non plus ne trouvait pas le sommeil. Le lendemain matin, au réveil, il était hagard.

— J'ai rêvé que j'étais de retour à l'usine à Shenyang, dit-il. J'ai rêvé que rien de tout ça n'était vrai, que nous n'étions jamais arrivés à Philadelphie et que nous étions revenus dans les taudis de Pékin, où je devais me lever à 5 heures et m'enfermer dans les toilettes que nous partagions avec six autres familles afin qu'en te levant tu n'aies pas à attendre des heures pour te laver les mains et être prêt à travailler.

L'architecte de cette nouvelle vie de rêve était M. Graffman. Lui et sa charmante épouse Naomi me traitaient comme un fils et nous invitaient souvent à dîner. Ils s'assurèrent que j'avais un précepteur particulier pour l'anglais et indiquèrent même à papa une école de langues. L'anglais fut problématique pour nous deux.

Une fois de plus, notre ami GQ se révéla très utile. Il devint le troisième membre de notre famille. Il avait vingt-cinq ans, dix de plus que moi et vingt de moins que mon père, ce qui faisait de lui mon grand frère et le petit frère de papa. Son anglais était parfait. Il nous aida dans d'innombrables tâches de la vie quotidienne – faire installer le téléphone, ouvrir un compte en banque, appeler les compagnies d'eau et d'électricité. En retour, je l'accompagnais quand il chantait pour mon père. GQ était doué pour le chant et appréciait les critiques de mon père, qui tombait toujours droit dans le mille.

Mon père avait beaucoup de mal avec l'anglais. Il attrapait bien quelques mots çà et là mais avec GQ toujours prêt à faire l'interprète, il relâcha ses efforts.

Heureusement, il m'était impossible d'en faire autant. Le règlement de Curtis m'obligeait à fréquenter un lycée public et je reçus le choc des cultures en pleine figure. Avec mon anglais minable, je me retrouvai catapulté dans l'univers de la rue et du hip-hop. Les premiers mots que j'appris étaient « Tu captes ? », et ma première phrase complète fut « Ça roule, mec ? » Quand je la répétai à M. Graffman, cela le fit sourire.

— Eh bien, tu apprends vite, on dirait !

La culture scolaire américaine ne m'était pas totalement étrangère. J'avais goûté à la compagnie des adolescents américains lors du camp musical et je m'entendais bien avec les jeunes de mon âge dès qu'il s'agissait de sport ; j'adorais l'équipe de basket des 76ers [1] et je suivais chacun de leurs mouvements. Mais

1. L'équipe de basket de Philadelphie, appelés aussi *Sixers*.

les adolescents de Philadelphie étaient très différents des musiciens de la classe moyenne que j'avais rencontrés en Nouvelle-Angleterre. Ma nouvelle vie était riche de découvertes en tous genres et ce qui peut-être m'attira tout de suite et m'aida à me sentir chez moi fut, étonnamment, le rap. Je pouvais sentir la pulsation des rythmes que les jeunes, blancs et noirs, aimaient écouter sur leurs *ghetto blasters*. Le rap avait quelque chose d'hypnotique. J'adorais la façon dont les rappeurs agitaient les bras et bougeaient la tête. J'étais intrigué par la relation entre les rythmes et la poésie, même si je ne comprenais pas les paroles. Je me disais bien qu'il devait y être question de filles, parce que c'était à cela que pensaient les adolescents comme moi, mais – du moins au début – les subtilités de l'argot me dépassaient. Pour moi c'était juste du rythme pur.

La faiblesse de mon anglais me complexait un peu. J'avais des choses à dire, mais je ne savais pas comment les dire. En classe, je comprenais à peine le professeur. Malgré l'aide de mon précepteur, mes progrès étaient lents. Heureusement, comparé aux écoles chinoises, le système américain avait l'air plutôt laxiste. Les élèves n'avaient aucune discipline et se souciaient peu de faire leurs devoirs – du jamais vu en Chine. Dans beaucoup de domaines, j'étais en avance sur les élèves de ma classe. En Chine, j'étais très mauvais en maths mais aux États-Unis, elles étaient beaucoup moins ardues et j'y excellais. En revanche, l'anglais était pour moi difficile ; quand je lisais les rédactions des autres, j'étais épaté par leur imagination. D'une manière générale, le travail scolaire était plus facile aux États-Unis. Apparemment, les élèves s'en tiraient sans trop se fatiguer.

Cela ne me dérangeait pas le moins du monde. J'étais, après tout, un garçon de quinze ans et en fait cela me plaisait bien. J'appréciais de me trouver dans un pays où les jeunes étaient moins stressés par l'école et plus indépendants – rebelles, même – vis-à-vis des parents. Confronté quotidiennement à la nature très autoritaire de mon père, à qui je n'avais toujours pas tout à fait pardonné d'avoir tenté de me pousser au suicide dans notre appartement de Pékin, c'était une révélation pour moi de voir des enfants de mon âge mettre l'autorité en question.

— Tout est si facile, en Amérique, dis-je à mon père. Les devoirs sont faciles et personne ne les fait, de toute façon.

— Ne va pas te faire des idées, répliqua-t-il. Je suis ton père et c'est moi qui commande. Tu as le droit d'être heureux ici mais pas trop heureux, quand même. C'est encore moi le chef.

Je ne discutai pas – du moins pas encore. En Chine, mon père était dans son élément ; les pères chinois disposent d'un pouvoir absolu pour élever leurs enfants. Mais ici, il se trouvait en terre inconnue.

Au lycée, je me trouvais confronté à deux langues étrangères – l'anglais courant et celui des cours de récréation, où le mot dominant était « yo ». Les jeunes, noirs et blancs, écoutaient des rappeurs avec des noms comme Notorious B.I.G., Jay-Z, Snoop Doggy Dogg et Puff Daddy. Ils parlaient tous très vite, comme s'ils débitaient des couplets de rap, et je restai des mois sans pouvoir comprendre un mot de ce qui se disait. Naturellement enraciné dans les siècles passés par ma propre culture musicale, j'étais pourtant attiré par le côté immédiat de la musique des rues et la passion révélée par ses rythmes. J'avais très envie de mieux la comprendre, mais cela mit très longtemps à venir. En attendant, je me contentais d'observer. Un jour, des jeunes me demandèrent ce que je jouais comme musique et quand je citai Bach, Beethoven et Mozart, ils s'exclamèrent : « Oh, de la musique de macchabées ! »

Les jeunes, eux aussi, m'observaient. Beaucoup d'entre eux se montraient gentils et serviables, quelques-uns voulurent même savoir d'où je venais. D'autres regardaient avec mépris le « petit Chinois » et m'appelaient « Chinetoque ». J'étais pour eux un objet de curiosité, comme ils l'étaient pour moi.

Pourtant, en dépit de mes difficultés en anglais, j'étais un garçon de quinze ans plutôt heureux. Ma bourse nous avait sortis de nos problèmes financiers ; je suivais les cours de Curtis, une école fabuleuse aux professeurs inégalés, en compagnie d'une bonne douzaine d'autres étudiants chinois ; et, par-dessus tout, j'étais en Amérique – la libre, accueillante et joyeuse Amérique. Il me faudrait plus d'un an pour assimiler la langue, mais le plus gros effort d'adaptation qu'il me restait à faire allait être exigé de moi par la personne même qui nous avait le plus facilité la transition vers les États-Unis.

5. Gary Graffman

Nul ne pourrait mettre en doute le respect que Gary Graffman porte à la culture chinoise. Il comprend mieux mon pays que toute autre personne que j'aie jamais rencontrée et m'a souvent donné sur mon héritage des points de vue fascinants. Ce fut donc pour moi un choc quand, un soir, il me poussa à rejeter une des valeurs de base de ma culture. J'avais préparé pour lui une liste des concours où je voulais m'inscrire, avec le répertoire des œuvres que je jouerais pour chacun d'entre eux ; le Concours international de piano Van Cliburn, le Concours international Tchaïkovski, le Concours international de piano de Leeds, le Concours international de piano Frédéric Chopin, le Concours international de piano Queen Elizabeth.

— J'aimerais faire comme Pete Sampras ou André Agassi et tous les remporter, déclarai-je.

M. Graffman resta silencieux un long moment.

— La culture artistique chinoise, finit-il par dire, est hautement compétitive à tous les niveaux. Tout le monde est classé. On trouve des hiérarchies dans presque toutes les disciplines – la peinture, la danse et bien sûr la musique – et cet esprit de compétition a contribué à ton développement, Lang Lang. Cela, personne ne peut le nier. Après tout, c'est bien grâce à ton succès au Japon que tu es ici aujourd'hui. Si tu n'avais pas remporté le concours Tchaïkovski, on ne t'aurait pas signalé à mon attention. Mais je suis profondément convaincu que pour toi, le temps des concours doit prendre fin.

C'était comme s'il m'avait dit que je devais cesser de vivre et de respirer. Plus je gagnais, plus j'avais envie de gagner ; et plus les victoires seraient importantes, plus j'aurais de prestige et plus vite je lancerais ma carrière de concertiste.

— Je ne comprends pas, lui dis-je. Qu'est-ce que vous avez contre les concours ?

— Ils te donnent une certaine attitude. Ils dirigent ton énergie vers le prix, aux dépens du cheminement. Et pour moi, Lang Lang, ce n'est pas le prix qui compte. Ce qui doit compter avant tout, c'est le cheminement.

Bien sûr, je comprends maintenant où voulait en venir M. Graffman, mais à l'époque, il m'était pratiquement impossible de saisir le sens de ses paroles. Mon système émotionnel tout entier était réglé sur la compétition. Il en était ainsi depuis que j'avais gagné mon premier concours à l'âge de cinq ans. Si je n'avais pas de concours à préparer, où allais-je trouver ma motivation ? À quoi bon ? Cette nouvelle idée me faisait peur.

Quand je rapportai à mon père l'opinion de M. Graffman, il en fut totalement abasourdi.

— Tu as dû mal le comprendre. Bien sûr qu'il veut que tu t'inscrives à de nouveaux concours pour remporter de nouvelles victoires. Sinon, comment pourrons-nous faire décoller ta carrière ?

Papa insista pour m'accompagner à ma leçon

particulière suivante avec M. Graffman. Elles avaient lieu à New York, à deux heures de là, dans son bel appartement situé en haut d'un bâtiment historique qui faisait face au Carnegie Hall.

À mes yeux, l'appartement ressemblait à un grand musée d'art chinois ; il comportait beaucoup de pièces, toutes avec de hauts plafonds, de longues draperies et des lustres antiques. Gary et Naomi Graffman nous firent entrer, mon père et moi, dans l'élégant bureau où un Steinway à queue trônait dans un coin. Mme Graffman nous servit du thé avant de nous laisser à notre conversation.

La discussion, dans un mélange d'anglais et de chinois, fut franche et directe.

— Mon père a un peu de mal à comprendre votre insistance à me faire arrêter les concours, dis-je.

— Je sais bien, dit M. Graffman, et je suis content d'avoir l'occasion d'aborder le sujet en profondeur.

— Mon père pense que si je m'arrête de concourir, je vais mettre ma carrière en danger. En Chine, personne ne vous prend au sérieux si vous restez trop longtemps sans gagner au moins un concours important.

— C'est la façon de faire là-bas. Mais ici, aux États-Unis, les choses sont très différentes.

— Excusez-moi, monsieur Graffman, l'interrompis-je, mais sauf votre respect, ce que j'ai vu en Amérique n'est pas si différent de ce que j'ai vu en Chine. Par exemple, j'adore Michael Jordan. Et il veut être numéro un, il ne vit que pour ça. Il adore ça et ses fans aussi. L'Amérique est aussi mordue de compétition que la Chine.

M. Graffman admit que j'avais raison mais expliqua qu'il n'en était pas de même pour la musique classique, du moins pas au même degré. Même s'il y avait bien des professeurs aux États-Unis qui poussaient leurs élèves à concourir, lui n'était pas du nombre. À Curtis, nous expliqua-t-il, il n'y avait pas d'examens, seulement des concerts. Et aucun système de classement.

Mon père et moi étions sous le choc. Au conservatoire de Pékin, on nous classait tous les deux mois.

M. Graffman considérait la compétition effrénée comme une cause de tensions qui interféraient avec l'esprit de la musique. Les élèves mettaient toute leur énergie à impressionner les juges plutôt qu'à comprendre la musique.

— Une fois débarrassé du fardeau d'avoir à gagner, tu seras capable de te concentrer sur des aspects de ton jeu auxquels tu n'avais jamais fait attention auparavant.

— Quels aspects ?

— Les aspects spirituels.

M. Graffman nous assura qu'il était conscient des énormes sacrifices que mes parents avaient faits pour moi et loua leur dévotion exemplaire.

— Ces sacrifices ne seront pas vains, assura-t-il à mon père. La carrière de votre fils sera longue et pleine de succès.

Il promit de me mettre en contact avec un agent artistique très coté, ce qui était à l'en croire le premier pas pour bâtir une carrière.

— Et ils lui trouveront des engagements dans des orchestres connus ? demanda mon père.

— Pas au début. Ils le mettront d'abord sur la liste des remplaçants. Quand quelqu'un annule un concert, l'agence appelle un des remplaçants de la liste.

— Est-ce que je serai le remplaçant numéro un ?

M. Graffman se mit à rire, sans moquerie mais avec beaucoup de gentillesse.

— Pas tout de suite, j'en ai peur. Mais tu finiras par arriver en tête de liste.

— Avec cette histoire de remplaçants, on a l'impression que ça va prendre des siècles !

— Est-ce que tu admires Leonard Bernstein ?

— J'adore Bernstein, répondis-je.

— Eh bien, Bernstein, qui a vécu dans cet immeuble, a été l'un de mes plus importants mentors. Sa carrière a démarré en 1943, quand il a remplacé Bruno Walter et s'est retrouvé à diriger le New York Philharmonic au Carnegie Hall. Le concert était diffusé à la radio dans tout le pays et Lenny est vite devenu une star. Watts aussi est devenu célèbre en remplaçant Glenn Gould.

— Je ne le savais pas, admis-je.

— Il se passera des choses merveilleuses, Lang Lang, quand tu parviendras à te concentrer sur autre chose que le fait de devenir numéro un. Concentre-toi sur la musique, plutôt que sur où elle peut te mener. Ce changement d'attitude améliorera la qualité de ton jeu.

Mon père n'était toujours pas convaincu. Notre vision du monde avait été forgée par notre pays natal et la Chine avait un point de vue sans équivoque en ce qui concernait l'excellence dans tous les domaines. Graffman nous poussa tous deux à essayer une autre voie, dans l'intérêt même de mon talent artistique.

— Si nous voulons nourrir et développer ce talent, nous dit-il, tu vas devoir opérer de subtils changements dans ton jeu, des changements qui auront un impact déterminant sur ton avenir. Je sais que tu aimes le basket et le football, Lang Lang, et j'ai bien conscience que ces sports te poussent à vouloir être le meilleur. Mais les œuvres sublimes, disons, de Mozart ou de Liszt n'ont pas été écrites pour être le point central d'un événement sportif. Elles ont été écrites pour toucher le cœur des hommes. C'est de poésie qu'il s'agit. Tu es un poète du piano, Lang Lang, et c'est au cœur des hommes que tu dois t'adresser. Est-ce que je me fais bien comprendre ?

— Je crois, dis-je.

Mais j'avais quand même envie d'être numéro un.

6. Une autre vision des choses

En suivant les cours d'harmonie avancée à Curtis, je me retrouvai dans mon élément. Même si mon anglais n'était toujours pas au niveau, je comprenais sans peine les subtilités de ce qu'on m'enseignait. Ma sensibilité musicale m'y aidait. Qu'il s'agisse des entrelacs ludiques de Mozart ou de la noirceur tragique de Tchaïkovski, c'était à l'intuition que je saisissais la complexité émotionnelle des œuvres.

Dans la rue, par contre, c'était une autre histoire. Quoi de plus différent que les sonates de Beethoven et les chansons de Notorious B.I.G. ? Bizarrement, je trouvais les deux formidables. Mon amour de la musique classique était resté une constante depuis ma naissance, et j'éprouvais maintenant un renouveau de cet amour dans le cadre de Curtis. Si le niveau d'enseignement y était très exigeant, les règlements, surtout comparés à ceux du conservatoire en Chine, étaient plutôt souples. Je pouvais enfin me détendre. Et, tout frénétiques que fussent les rythmes du hip-hop, ils étaient en même temps relaxants. Ils exprimaient cette liberté que les adolescents américains revendiquent comme un droit.

S'ils avaient envie d'exprimer leur point de vue sur le sexe, ils le faisaient. S'ils avaient envie de critiquer leur gouvernement, leur école ou même leurs parents, ils ne se gênaient pas.

Je le comprenais parfaitement.

Mais pas mon père. Il n'avait pas la moindre idée de ce qui pouvait se passer en dehors du monde de la musique classique ou de la musique traditionnelle chinoise. Il pouvait, à la rigueur, apprécier un pianiste de jazz comme Oscar Peterson pour son extraordinaire virtuosité, mais cela n'allait pas plus loin, et quand il décida d'arrêter ses cours d'anglais parce que cela ne rentrait pas, il s'isola encore davantage, ne quittant pas notre ami GQ d'une semelle. Mon père se repliait sur lui-même, alors que je m'ouvrais sur l'extérieur. J'adorais l'immense paysage de la pop américaine. Je voyais bien qu'il y avait une relation entre, disons, Allen Iverson, brillant intercepteur des Sixers, et la pop star Ricky Martin. Ils baignaient dans une culture commune qui reconnaissait et récompensait leur brio et leur talent. J'admirais ce brio. J'aimais que ce pays considère l'individualisme comme une vertu. La principale tradition de l'Amérique consistait à bousculer énergiquement les traditions démodées. En Chine, la conformité est exigée ; en Amérique, elle est contestée.

Je voyais maintenant le monde avec des yeux nouveaux. Au premier abord, l'Amérique m'avait paru terriblement différente, radicalement audacieuse, outrageusement jeune. Mais moi aussi j'étais différent, et audacieux, et jeune, et l'Amérique faisait ressortir en moi ces qualités. L'Amérique fit grandir mon désir déjà fort de bousculer les barrières pour atteindre mes objectifs. Tiger Woods, l'homme qui à vingt et un ans avait été le plus jeune golfeur à remporter le

Championnat des Masters, devint mon modèle. Je voulais devenir le Tiger Woods du piano. Je voyais l'Amérique comme un pays de gagnants, un pays qui comprenait les jeunes et les encourageait à s'aventurer là où personne d'autre ne s'était aventuré avant.

Si notre nouveau pays me fit découvrir une multitude d'arts et d'attitudes différents de ce que j'avais connu, l'Amérique fit de mon père un observateur plus qu'un participant. Il allait bien à Curtis essayer de glaner pour moi des informations dans d'autres cours, avec d'autres professeurs, mais il n'arrivait pas à grand-chose. Il ne comprenait rien à ce qui se disait.

Et pendant ce temps-là, j'absorbais la ville par tous les pores de ma peau. Il n'y avait pas seulement la Philly des rues, aux racines faites de vieux rock et de nouveau rap, il y avait, bien sûr, l'ancienne Philly, la capitale coloniale où l'Amérique avait été fondée, la Cité de l'Amour fraternel [1], la ville de Liberty Bell [2], le berceau de la démocratie américaine, où fut mise en chantier la Constitution. Impossible de vivre à Philly sans être conscient de son importance historique. Philadelphie renferme tous les paradoxes de l'Amérique ; c'est une ville qui symbolise la grande expérience américaine de liberté et de gouvernement représentatif et qui pourtant est envahie par une terrible pauvreté. À Philadelphie, j'ai vu les demeures des nantis, mais j'ai aussi vu les sans-abri. À la différence de nos quartiers de Pékin, il y

1. Le nom de Philadelphie vient du grec *philein*, « aimer », et *adelphos*, « frère ».

2. La Cloche de la liberté, cloche historique exposée à Philadelphie qui, d'après la légende, aurait retenti juste après la déclaration d'indépendance.

avait à Philly des rues où je craignais de m'aventurer seul. La ville grouillait de criminalité.

La culture ancienne de Philadelphie était bien sûr ce qui m'y avait d'abord attiré. Le Philadelphia est un des cinq grands parmi les orchestres américains, avec New York, Chicago, Boston et Cleveland. Quand Nixon fit son voyage de pionnier en Chine au début des années 1970, le Philadelphia Orchestra, sous la direction d'Eugene Ormandy, l'y accompagna, devenant le premier orchestre américain à se rendre en Chine. Les musiciens américains y furent reçus comme de vieux amis longtemps perdus de vue ; les critiques les encensèrent et aujourd'hui encore, le Philadelphia Orchestra garde une place spéciale dans le cœur des Chinois. En Chine, la renommée du Philadelphia est plus grande que celle des Beatles.

Il y avait la Philadelphie cultivée, la Philadelphie de la musique classique, la Philadelphie des salles de concert, la Philadelphie coloniale, la Philadelphie des guerres de la Révolution, la Philadelphie pittoresque, la Philadelphie élégante et majestueuse.

Et il y avait aussi la Philly des rues, la Philly d'Allen Iverson et de *Big Willie Style* [1], la Philly du steak au fromage, la Philly mal famée, la Philly funky.

Je tirais mon énergie des deux. Et si leur coexistence dans le même espace pouvait sembler illogique, quelle importance ? Ce qui comptait pour moi, c'était d'être en Amérique, là où tout était possible et où, à mon grand bonheur, je me sentais vivant et créatif.

Je m'entraînais six à sept heures par jour, tous les jours, y compris les dimanches et jours fériés. Mais en Amérique, apparemment, même un jeune pianiste

1. Premier album solo de l'acteur et chanteur Will Smith.

travaillant comme un fou a droit aux loisirs. J'allai pour la première fois dans un multiplexe. Je regardais la télé. Je vis la France gagner la Coupe du monde, alors que ma chère équipe de Chine n'était pas allée bien loin. J'en appris beaucoup sur les Américains grâce à des séries comme *Frasier*, *Friends* et *Sex and the City*. J'étais choqué d'entendre des femmes parler de sexe aussi librement et j'y gagnai une motivation supplémentaire pour apprendre l'anglais et pouvoir comprendre les dialogues osés.

Mes relations avec les filles étaient en progrès. J'avais des béguins et quelques rendez-vous. Et, peut-être parce que j'étais connu à Curtis pour avoir gagné d'importants prix internationaux, j'avais même un petit groupe d'admiratrices. Les filles étaient une merveilleuse diversion. Pourtant, quand je sortais avec une fille, quand nous étions dans le parc ou bien au cinéma, je ne pouvais m'empêcher de penser au titre ironique de l'autobiographie écrite par mon professeur Gary Graffman : *Je ferais vraiment mieux de travailler.*

Tu ferais vraiment mieux de travailler, c'était le mantra perpétuel de mon père. Plus il me voyait m'acclimater à la culture et aux façons d'être américaines, plus il devenait strict, et plus il devenait strict, plus j'avais du mal à supporter ses interventions. En Chine, ce sont les parents qui commandent. En Amérique, les jeunes décident pour eux-mêmes et je me sentais prêt à prendre le contrôle de ma propre vie. Nos conflits se firent plus fréquents. Comme j'étais le numéro quatre sur la liste des remplaçants établie par l'agence où M. Graffman m'avait fait entrer, on m'appelait rarement pour des concerts. Ce qui rendait mon père nerveux.

— Quand on va t'appeler, dit-il, il faudra que tu sois

prêt. Ça veut dire qu'il faut que tu passes encore plus de temps à travailler.

— Sept heures, c'est bien assez.

— Monte à neuf.

— Non, rétorquai-je.

— Qui es-tu pour me dire non ?

— Et qui es-tu pour me dire ce que je dois faire ?

— Quelle insolence !

En disant ces mots, mon père me lança une chaussure. Je me baissai juste à temps.

— Tu feras ce que je te dis ! hurla-t-il.

— Je sais quand même ce que je fais, répliquai-je. Je suis prêt pour n'importe quel concert qu'ils pourront me trouver.

— Ça m'étonnerait !

— Eh bien moi, je le sais.

— Quelle arrogance !

Une autre chaussure m'arriva dessus comme une fusée. Cette fois, elle m'atteignit à l'oreille. Furieux, je sortis en trombe de l'appartement, claquant la porte derrière moi.

Une semaine plus tard, je m'entraînais à Curtis, entouré de quelques amis chinois. Papa vint m'écouter. Le morceau que j'apprenais était le monstrueusement difficile *Islamey* de Balakirev, un Russe du XIXe siècle. De même que ses contemporains, comme Moussorgski, Borodine et Rimski-Korsakov, Balakirev écrivait avec une extraordinaire énergie, mais aussi une virtuosité technique déconcertante. À se demander si pour jouer ses œuvres on n'allait pas avoir besoin d'une deuxième paire de mains. Mais c'était là le genre de défi qui me plaisait. Quand mon père arriva, j'avais déjà joué *Islamey* trois fois du début à la fin. Et je m'en étais bien tiré.

— Recommence, m'ordonna mon père.

Je faillis protester, mais décidai qu'il serait plus simple de l'amadouer que de chercher la bagarre. Je recommençai.

— Encore une fois ! insista mon père. J'ai entendu des erreurs.

Il avait raison. Une fois de plus ne me ferait pas de mal. Je rejouai le morceau.

— Maintenant, encore dix fois ! hurla mon père.

J'étais à bout de forces. Les exigences de l'impossible composition de Balakirev m'avaient épuisé. Mes doigts me faisaient mal.

— Non, lui dis-je.

— Je te dis de le faire, Lang Lang. Encore dix fois !

— Pas question ! hurlai-je à mon tour.

— Tout de suite ! ordonna mon père. Allez, recommence !

Mes amis nous observaient, avides de voir la suite du spectacle.

— Tu es fou ! lui criai-je finalement, gêné, mais sans doute encouragé aussi par la présence de mon équipe de supporters.

— Comment m'as-tu appelé ?

— Fou ! Tu es cinglé ! Un vrai tyran ! Un cinglé de chef de commando ! Un cinglé de flic ! J'en ai marre de tes ordres ! Va te faire voir !

Mon cœur battait la chamade tandis que je prononçais les mots que j'avais eu envie de dire toute ma vie. Et maintenant qu'ils étaient dits, maintenant que j'avais humilié mon père devant d'autres étudiants chinois, maintenant que j'avais déclaré mon indépendance, comment allait-il réagir ? Allait-il accourir vers le piano et me frapper en pleine figure ? Allait-il me taper sur la tête avec une chaussure ? Allait-il me maudire comme je l'avais maudit ?

Il ne fit rien de tout cela.

Il me regarda simplement dans les yeux, avec sur le visage une expression que je ne lui avais jamais vue, une expression de défaite et de découragement.

— Je m'en vais, lâcha-t-il. Je rentre en Chine.

Une heure après, il avait fait ses bagages et pris un taxi pour l'aéroport. En rentrant à l'appartement avec mes amis, quand je m'aperçus qu'il était parti, je me sentis pris de court. Je commençai par m'en réjouir. Bon débarras. C'était bien ce que je voulais, non ? Être libéré de mon père ? Mais si c'était si bien que ça, pourquoi cette peur au fond de moi ? Pourquoi ce remords qui me prenait au ventre ? Pourquoi cette angoisse qui me tenaillait ? Pourquoi sauter dans un taxi avec mes amis chinois et partir pour l'aéroport en espérant le persuader de rester ?

La vérité, c'était que je n'avais pas envie de me retrouver tout seul. J'avais vécu avec cet homme durant tant d'années que la seule pensée de vivre sans lui me terrifiait.

Nous l'avons trouvé à l'aéroport, en train de faire la queue pour acheter son billet pour la Chine.

— C'est de la folie, dis-je. Ne t'en va pas.

— Tu m'as dit d'aller me faire voir. Devant tes amis, tu m'as dit d'aller me faire voir.

— Je suis désolé.

— Vraiment ?

— Vraiment.

— Alors, tu veux que je reste ?

— Oui, je veux que tu restes.

Et il est resté, parce que c'était tout ce qu'il avait besoin de m'entendre dire.

7. Le tuteur culturel

Même quand je fus plus à l'aise en anglais, il restait certains aspects de la culture américaine sur lesquels je manquais de bases. Mes cours au lycée ne faisaient qu'effleurer des sujets comme la littérature, l'art, la politique. Si je voulais devenir un artiste accompli, j'étais conscient qu'il me faudrait apprendre plus que la musique et si je devais rester dans mon nouveau pays d'adoption, j'avais envie de le comprendre en profondeur.

Un jour que nous déjeunions chez les Graffman, je fis part de ce problème à Mme Graffman, une personne d'une grande intelligence dont les intérêts culturels s'étendaient à de nombreux domaines.

Elle fut ravie de ma curiosité et me dit qu'elle avait justement la personne idéale à me faire rencontrer.

Dick Doran avait enseigné la littérature à l'université de Pennsylvanie et était numéro deux du conseil d'administration de Curtis. Mme Graffman le décrivit comme un intellectuel avec les pieds sur terre. Pianiste amateur, très intéressé par la Chine, il avait aussi fait partie du conseil municipal et avait dirigé dans les années 1970 l'équipe du gouverneur de Pennsylvanie, Milton Shapp. Il aimait également le sport. Il avait tout du tuteur culturel idéal.

— Mais est-ce qu'il voudra bien ? demandai-je.

— Tel que je connais Dick, il sera ravi.

Elle le connaissait bien. Bien qu'absorbé par un million d'activités, Richard Doran s'intéressa à mon cas et m'invita chez lui.

— D'après ce que m'a dit Naomi Graffman, tu voudrais que je te donne des cours de piano, dit-il.

Je souris, pas très certain d'avoir bien compris son anglais et répondis poliment :

— Oui, bien sûr.

— Ou alors j'ai peut-être mal compris. Peut-être a-t-elle dit que toi tu devrais me donner des leçons ? En fait, mon jeu étant ce qu'il est, je crois quand même que je suis en progrès. Après avoir joué un peu de Schumann pour Gary, l'autre jour, je lui ai demandé ce que Schumann en penserait et il m'a répondu : « La mauvaise nouvelle, c'est qu'il en ferait une crise cardiaque. La bonne nouvelle, c'est qu'il n'en mourrait pas. » C'était le plus beau compliment qu'on m'ait fait de la journée.

L'homme me plut immédiatement.

— Monsieur Doran..., commençai-je.

— Appelle-moi Dick. J'ai été professeur, mais maintenant je ne suis plus qu'un civil comme les autres.

— D'accord, Dick. Je suis là parce que j'ai besoin d'en savoir plus sur la culture occidentale et la langue anglaise.

— Un noble but. Et on peut dire que tu t'adresses à la bonne personne. Si c'est la langue anglaise que tu veux connaître, alors le meilleur point de départ, c'est Shakespeare.

— Entendu, dis-je, toujours prêt à relever un défi.

— Il y a du Shakespeare relativement facile et il y a du Shakespeare difficile. Lequel préfères-tu ?

— Pour la musique, j'aime bien attaquer le morceau le plus difficile en premier.

— Rachmaninov, Tchaïkovski ? demanda Dick.

— Plus c'est dur et mieux c'est, confirmai-je.

— Et pourquoi préfères-tu commencer comme ça ? s'enquit-il, amusé.

— Une fois que je suis capable de jouer le plus dur, le reste me paraît facile.

— Alors ça ne te posera pas de problème de commencer notre étude de Shakespeare par *Hamlet* ?

— Pas si vous me dites que c'est le plus difficile.

— Sans aucun doute, fit Dick, utilisant son expression favorite.

La leçon commença le jour même. Quand Dick me lut la pièce, je n'en compris pas un traître mot.

— Assez dur pour toi ?

— Sans aucun doute, répondis-je, l'imitant avec le sourire, mais je commençais à craindre d'être complètement dépassé.

Il sourit et me dit :

— On va y aller doucement. Nous allons étudier chaque vers séparément. Je m'arrêterai pour t'expliquer le sens et je te donnerai aussi une idée de la métrique des vers. Le pentamètre iambique est une des plus grandes métriques de toute l'histoire de la communication ; Shakespeare l'a utilisé pièce après pièce. C'est la base de sa poésie, de sa passion, de sa signification. Quand tu commenceras à bien sentir la métrique, tu commenceras à bien sentir Shakespeare.

Dick lut pendant un moment, s'arrêta pour m'expliquer, puis me fit lire à mon tour. J'étais intimidé et les mots refusaient de sortir, mais il m'encouragea patiemment à continuer.

En l'espace de quelques leçons, j'étais effectivement capable de lire Shakespeare à haute voix et je commençais à me faire une bonne idée de ses rythmes et de ses personnages. J'adorais la complexité de *Hamlet*, la manière dont ses intrigues se recoupaient et dont les thèmes sous-jacents émergaient, comme autant de mélodies et de contrepoints différents. Bien avant de comprendre pleinement les mots, je pus percevoir les changements d'humeur et les variations de ton – tantôt léger, tantôt sombre, tantôt philosophique et tantôt fantasque, tout cela dans le contexte d'une captivante histoire de meurtre et de relation entre un fils et ses parents.

Les dialogues de Shakespeare me rappelaient les phrasés de Mozart, cette façon qu'a sa musique de changer constamment de personnalité ; c'est à travers les personnages de Shakespeare et leurs interactions que j'ai finalement commencé à comprendre Mozart.

Après quelques semaines, nous étions venus à bout de *Hamlet* et Richard se déclara satisfait de ma compréhension du texte. Il m'annonça que nous allions maintenant assister à un concert pop, élément essentiel, d'après lui, de la culture américaine.

En moins de temps qu'il n'en faut pour le dire, nous étions à Broadway pour voir le *Roi Lion*, puis de retour à Philadelphie pour un match des Sixers contre les Knights, ensuite ce fut un concert où j'entendis pour la première fois le grand Luciano Pavarotti interpréter des airs fameux de Puccini, Verdi et Donizetti. Pavarotti devint instantanément une de mes idoles musicales.

Alors que j'avais la tête farcie d'opéra italien, Dick me dit :

— Place à Gershwin, maintenant.

Le concert Gershwin où il m'emmena fut une révélation. Je fus soufflé par la *Rhapsody in Blue*, ainsi que par *Porgy and Bess* dont les mélodies hantèrent mes rêves durant des semaines. J'étais émerveillé du génie avec lequel Gershwin était parvenu à insuffler du jazz afro-américain dans la composition classique.

— Et maintenant, m'annonça Dick, on se lance dans la politique. Que sais-tu du système politique américain ?

— Très peu de choses, avouai-je.

— Plus pour longtemps. Dans une semaine, tu en sauras plus que la plupart des Américains.

Dick était un expert. Il était démocrate depuis toujours et pourtant, jamais il ne m'imposa son point de vue, se contentant d'expliquer. Il veilla à ce que je comprenne bien la différence entre la droite et la gauche américaines, me fit découvrir les événements marquants des administrations Eisenhower, Kennedy, Johnson, Nixon, Ford, Carter, Reagan, Bush et Clinton. Il éveilla mon intérêt pour la Seconde Guerre mondiale et je devins un fanatique du sujet, lisant tout ce qui me tombait sous la main. Dick ne cessait jamais de me surprendre, il avait toujours une nouvelle anecdote historique à raconter. Un jour il me dit :

— 1982 a peut-être été l'année la plus importante de ma vie.

— Pour moi aussi, dis-je. C'est l'année de ma naissance.

— Jolie coïncidence. Tu vois, en 1982, j'ai orchestré les cérémonies du tricentenaire de Philly. J'ai obtenu que le *Queen Elizabeth 2* vienne se mettre à quai ici. Normalement, il s'amarre à New York, mais grâce à mes grands pouvoirs de persuasion, je l'ai fait venir dans la

Cité de l'Amour fraternel. Je suis monté à bord avec une délégation et nous sommes partis pour la Chine. Et là, à Tianjin, la troisième ville de ton merveilleux pays, j'ai organisé un jumelage. Tianjin est devenue la ville sœur de Philadelphie. Des artisans sont venus de Tianjin et ils ont construit la Porte de l'amitié à Chinatown, au croisement de la 10e Rue et de Race Street. Dans ma famille, on l'appelle le Monument Race Doran. Est-ce que tu l'as vu, Lang Lang ?

— Oui.

— Est-ce qu'il te plaît ?

— Sans aucun doute !

8. Maestro Eschenbach

Je me pris très vite d'amour pour l'argot américain. Sans doute parce que le pays s'est constitué de fugitifs et de rebelles, les Américains ont appliqué le principe de liberté à leur langage comme à tout le reste. Il y a aussi des groupes ethniques du monde entier qui vivent là, chacun d'eux ayant influencé la langue américaine. L'anglais des États-Unis est un mélange de tout et de tout le monde. C'est peut-être pour cela que j'ai fini par m'y sentir à l'aise. Si je faisais une faute de grammaire, personne ne me regardait comme si j'avais commis un crime. La langue n'était pas rigide, elle ne semblait pas me tenir rigueur de mes faux pas. Pour moi, c'était une langue faite pour s'en servir – et jouer avec – plus que pour être honorée.

Par exemple, j'entendis de jeunes musiciens à Curtis parler de « décrocher un cacheton. »

— Qu'est-ce que c'est qu'un cacheton ? demandai-je à un ami.

— Un petit boulot, répondit-il, généralement un engagement pour un seul soir.

— D'où est-ce que ça vient ?

— Des musiciens de jazz. Ils disent : « J'ai fait un cacheton hier soir dans une boîte de nuit. » Ou bien : « Je viens d'être engagé sur une tournée, ça m'assure le cacheton pour l'année. »

— Et ça ne dérange pas les musiciens classiques de parler comme des musiciens de jazz ?

— Pourquoi ? Un cacheton, c'est un cacheton.

« Cacheton ». J'aimais bien le mot.

Les cachetons, c'était important. Faire de bons cachetons, c'était ce à quoi mon père et moi travaillions depuis de nombreuses années. M. Graffman avait dit que les bons cachetons allaient venir, que ce n'était qu'une question de temps. Qu'il fallait se focaliser sur la poésie de la musique et non sur les récompenses. Éviter les concours et se concentrer sur le côté artistique. Être patient.

Mais la patience n'était pas chose facile, ni pour mon père ni pour moi. Après bientôt deux ans à Philadelphie, deux ans sans voir ma mère, deux ans sans le moindre trophée à ajouter à ma collection, deux ans sans qu'on m'appelle une seule fois pour un remplacement, je commençais à trouver le temps long. Je voulais un cacheton.

Quand je fis part du problème à M. Graffman, il se montra compréhensif.

— Les concerts viendront, dit-il. Mais il n'y a rien à faire pour accélérer les choses. Quand on est sur la liste des remplaçants, on n'a pas d'autre choix que d'attendre.

J'avais passé toute ma vie à courir et mon père aussi. Et là, d'un seul coup, on nous disait de ne plus bouger.

— Il y a peut-être quelque part des concours auxquels il serait bon de participer, suggéra un jour mon père.

— Sûrement, acquiesçai-je. Mais comment faire pour les trouver ?

Mon père me conseilla de chercher dans les revues musicales. Je me rendis à la bibliothèque de Curtis et trouvai nombre de périodiques qui donnaient de longues listes des concours à venir. M'installant à une grande table, je sortis un bloc-notes et recopiai soigneusement leurs noms, ainsi que les conditions d'admission. Rien qu'à les lire, je sentais se ranimer en moi l'étincelle compétitive.

— Bonjour, Lang Lang, je suis contente de te voir.

— Bonjour, madame Graffman. Content de vous voir moi aussi.

Elle me demanda à quoi je travaillais avec tant d'application et j'hésitai avant de lui répondre. Je savais que son mari n'approuverait pas. En même temps, je ne voulais pas non plus lui mentir.

— Je cherche des concours de piano.

— Tu penses à concourir ?

Je confessai que oui.

Mme Graffman se montra surprise. Elle était présente quand son mari m'avait dit que j'avais dépassé le stade des concours. Elle me demanda si j'avais décidé de ne plus me ranger à son avis.

— Ce n'est pas que je ne sois plus d'accord avec lui, dis-je. C'est juste que j'aime gagner.

— Nous aimons tous ça, Lang Lang, répondit-elle. Mais parfois, il est important de bien comprendre la vraie nature de la victoire. Si le fait de gagner un concours nous prive d'une plus grande victoire, alors on n'a rien gagné du tout, tu ne crois pas ?

Je réfléchis à ses paroles.

— Et quelle est cette plus grande victoire ? demandai-je.

— Une carrière internationale qui te fasse vivre et t'apporte des satisfactions tout au long de ta vie.

Après avoir médité la notion de plus grande victoire, je déchirai ma liste de compétitions et quand je rapportai à papa ma conversation avec Mme Graffman, il dit :

— D'accord, Lang Lang. Nous allons faire ce que dit ton professeur. Mais il va falloir qu'il se passe quelque chose. Et vite.

Ce ne fut pas vite – en tout cas pas dans mon idée.

Dans mon idée, j'étais le pianiste qui allait combiner la douceur de Rubinstein à la délicatesse d'Horowitz. Pour moi Rubinstein était le musicien suprême, alors qu'Horowitz était le pianiste suprême. Réunir ces deux grandeurs en un seul style, qui serait mon style – c'était là mon grand rêve. Il y avait des jours où j'étais vraiment persuadé qu'il était en train de se réaliser. Arrogance de la jeunesse, sans doute, ou bien un autre trait de ma nature compétitive, qui ne se laissait jamais réfréner bien longtemps. Quoi qu'il en soit, la même question revenait sans cesse : où sont les cachetons ?

Le temps passa. L'école suivait son cours. Mon anglais s'améliorait. Ma pratique s'intensifiait. Mes leçons avec M. Graffman me permirent d'approcher une poésie mélancolique que j'intégrai à mon jeu. Ma mère me manquait terriblement. Nous nous écrivions et à de rares occasions, elle nous appelait. Mais ces lettres et ces coups de fil ne faisaient que souligner l'énorme distance qui nous séparait.

J'avais maintenant seize ans, et j'en voulais, mais les engagements rémunérés restaient rares. À l'automne, je me retrouvai dans un avion en route pour une petite ville du Nouveau-Mexique pour jouer avec un orchestre dont je n'avais jamais entendu parler ; l'orchestre était composé de musiciens absolument charmants mais qui malheureusement jouaient tous faux. Et le cachet était minable. Et au printemps, mon père et moi partîmes en voiture vers une ville encore plus petite, quelque part en Pennsylvanie, pour jouer devant une salle à moitié vide et un public indifférent. Ce n'était pas là le rêve américain que j'avais envisagé.

— Ne vous inquiétez pas, me dit l'agence. Il y a des orchestres importants qui sont désireux de vous engager.

— Lesquels ? demandai-je.

— Knoxville.

— Où est-ce ?

— Dans le Tennessee. Un très bon orchestre.

Mais finalement le Knoxville Symphony Orchestra ne voulut pas de moi. Le Milwaukee non plus. « Il est trop jeune, disaient-ils. Trop inexpérimenté, trop inconnu. »

— Il y aura d'autres opportunités, promettait l'agence. Houston est intéressé.

Houston m'engagea, mais le concert avait lieu en plein air et les étés là-bas sont plus chauds que l'enfer. Il y avait un climatiseur sur scène, qui me rafraîchissait la main droite et me faisait transpirer abominablement de la main gauche. Les touches étaient glissantes d'humidité. Des bébés pleuraient au premier rang.

Papa commençait à trouver le temps long. Il allait à l'épicerie acheter ses légumes, préparait nos repas et se promenait dans Curtis pour écouter les leçons particulières et assister aux cours, afin de me tenir au courant des tout derniers développements. Il surveillait de près mon entraînement et me demandait sans arrêt si j'avais des nouvelles de l'agence.

— Vous avez quelque chose pour moi ? demandai-je à l'agence. Quelque chose, n'importe quoi ?

— Nous rencontrons une certaine résistance.

— Pourquoi ?

— Ils pensent qu'un gamin de seize ans est incapable de comprendre Brahms ou Liszt.

— Ils ont tort, répliquai-je.

— C'est bien ce que nous leur répondons. Nous leur conseillons de regarder vos cassettes et d'écouter vos disques. Mais les gens sont têtus.

— Je veux travailler.

— Et nous voulons vous faire travailler. Quand vous gagnez de l'argent, nous en gagnons aussi. Nous vous rappellerons.

— Qu'est-ce qu'ils ont dit ? demanda mon père dès que je raccrochai.

— Ils m'ont dit d'être patient.

— Il faut les bousculer, dit-il.

— C'est ce que je viens de faire.

— Bouscule-les plus fort.

— Fort comment ?

— Très fort, insista mon père.

Je comprenais son obstination. En Chine, il pouvait prendre le taureau par les cornes et bousculer autant qu'il en avait envie, mais vu qu'il n'avait toujours pas appris l'anglais, il était forcé de me bousculer moi pour que je les bouscule, et je n'étais qu'un gamin.

En attendant, c'était travail, travail, travail. Je préparais des morceaux pour orchestre, mais je ne pouvais m'empêcher de me demander si je les jouerais un jour.

Un automne, un hiver, un printemps.

Pas d'appels, pas de cachetons. Mais toujours huit heures d'entraînement par jour.

L'été 1998 fut terriblement chaud.

Puis, en septembre, enfin, une chance. Le Baltimore Symphony, ainsi que son chef David Zinman, étaient mondialement connus. Ils avaient à leur actif de nombreuses tournées en Europe et en Asie et avaient remporté des Grammy Awards pour les disques qu'ils avaient enregistrés avec Yo Yo Ma. Le Baltimore Symphony, c'était quelque chose ! Et ils voulaient que je joue avec eux.

— Dix ans ? demandai-je à l'agent.

— Oui, dix ans, minimum.

Nous parlions de la possibilité pour moi de jouer avec le célèbre Chicago Symphony. Je rentrais juste de jouer la *Fantaisie chorale* de Beethoven à Baltimore et les critiques avaient été si positives que j'étais certain d'avoir maintenant une chance de me produire au sein d'un des cinq grands orchestres américains. Chicago, doté de cuivres exceptionnels et dirigé par le talentueux Daniel Barenboïm, me paraissait le point de départ idéal. Mais mon agent me dit qu'il fallait normalement dix ans d'attente avant de pouvoir jouer avec un orchestre de ce calibre.

— Est-ce que tu leur as dit que tu n'es pas un garçon comme les autres ? me demanda mon père quand je lui rapportai cette conversation. Est-ce qu'au moins tu leur as parlé de ton grand succès à Baltimore ?

— Papa, ils ont lu les critiques, ils sont au courant.

— Alors pourquoi est-ce qu'ils ne se remuent pas plus que ça ?

Je me posais la même question.

Cleveland possède un excellent orchestre et quand son chef résident, un Indonésien du nom de Jahja Ling, me demanda d'auditionner pour eux au Carnegie Hall pendant qu'ils étaient à New York, je m'y précipitai avec mon père. Je jouai bien et j'étais sûr qu'ils ne tarderaient pas à m'appeler. Tout heureux, j'attendais avec impatience d'être dans le train du retour pour pouvoir me reposer un peu après cette audition éprouvante.

— On ne prend pas le train, dit mon père. On rentre en car, c'est moins cher.

Je crus qu'il avait l'intention d'aller prendre un Greyhound [1] à Port Authority, mais il m'emmena à Chinatown, d'où il avait appris qu'on pouvait se rendre à Philadelphie pour seulement cinq dollars. Les cahots du car bondé et délabré douchèrent un peu mon enthousiasme, mais je restais optimiste, certain d'être bientôt invité à Cleveland pour faire mes débuts dans un des cinq meilleurs orchestres des États-Unis.

Le temps s'écoula lentement. Le téléphone ne sonnait pas souvent et quand il sonnait, ce n'était jamais l'agence pour de mirifiques cachetons. Cleveland n'avait toujours pas fixé de date pour moi.

Nous étions en 1999, j'avais passé mon dix-septième anniversaire et l'été me paraissait interminable et étouffant. Papa et moi ne tenions plus en place. Nous voulions de l'action, des cachetons, la reconnaissance de mon talent et des rentrées d'argent. Par les chaudes soirées d'été, je sortais souvent de l'appartement après ma séance de travail pour aller jusqu'à la grande librairie Barnes and Noble jeter un coup d'œil sur les magazines de musique classique. Un soir, mon père m'accompagna et avec lui je feuilletai *Gramophone* et *BBC Music Magazine*. Ils donnaient tous deux des détails sur le Gala

1. Compagnie de cars assurant les lignes régulières de ville à ville à travers les États-Unis.

du siècle qui allait se tenir à Ravinia, résidence d'été du Chicago Symphony. Ravinia est le plus ancien site de concerts en plein air d'Amérique du Nord. Tout le monde est passé par là un jour, de Pablo Casals à Gershwin. Le directeur musical Christoph Eschenbach et le directeur exécutif Zarin Mehta étaient en train d'organiser le gala d'août, avec à l'affiche les violonistes Isaac Stern et Midori, ainsi que les pianistes André Watts, Leon Fleisher et Alicia DeLarrocha.

— C'est là que tu devrais jouer, dit mon père.

— Je suis bien d'accord.

— Dis-le à l'agence.

Mais l'agence semblait incapable de me mener où que ce soit. Je ne me donnai même pas la peine d'acheter les magazines. Tous ces articles sur Ravinia ne feraient que me frustrer davantage. Je rentrai donc à la maison avec mon père pour dîner d'un reste de poulet.

Ce soir-là, le téléphone sonna.

— Vous ne me connaissez pas, dit une voix de femme au bout du fil, mais je travaille pour le festival en plein air de Ravinia. Vous en avez entendu parler ?

— Bien sûr, dis-je, stupéfait de la coïncidence.

— Eh bien, je me trouvais au Carnegie Hall le jour de votre audition pour le Cleveland Orchestra et je dois dire que vous m'avez impressionnée. J'ai parlé de vous au maestro Eschenbach et il m'a dit qu'il serait heureux de vous accorder une audition de vingt minutes, si vous pouvez venir à Ravinia. Bien sûr, il est terriblement occupé en ce moment mais s'il aime votre façon de jouer, il y a une possibilité pour qu'il vous engage, probablement pour l'automne ou l'hiver prochain. Est-ce que vous seriez partant ?

Si j'étais partant ? J'étais ravi ! En moins de temps qu'il n'en faut pour le dire, mon père et moi étions au-dessus du lac Michigan. J'apercevais au loin la Sears Tower et le John Hancock Center. Tandis que nous survolions les splendides gratte-ciel qui dessinent la silhouette urbaine de Chicago, je sentis éclater ma joie. Pour moi, ce voyage à Ravinia était un signe du destin. Mes espérances, longtemps au plus bas, reprenaient irrépressiblement vie.

Après l'atterrissage, un taxi nous emmena à Highland Park, la banlieue qui abrite Ravinia. L'audition n'avait pas lieu sur la scène extérieure mais dans une salle de concerts de taille plus modeste, le Martin Theatre. Je mourais de faim en arrivant et fis un détour par les cuisines pour y attraper un sandwich à la dinde que j'engloutis en deux bouchées, avant de commencer à m'échauffer sur scène. Quand je levai les yeux, il y avait un homme debout près de moi. On aurait dit Yul Brynner dans *Le Roi et moi*. Il était complètement chauve et sa posture, bras croisés et jambes légèrement écartées, avait quelque chose de menaçant. Je reconnus le maestro Christoph Eschenbach.

— Maestro, dis-je en me levant. Je voudrais juste vous dire à quel point je vous admire, à la fois comme pianiste et comme chef d'orchestre.

— Merci. Qu'est-ce que vous avez à me proposer aujourd'hui ?

J'étais prêt. Je m'étais préparé à ce moment depuis des années. Et si mon cœur tambourinait dans ma poitrine, ce n'était pas de peur, mais de joie et d'espoir.

— J'ai du Haydn, dis-je. J'ai du Brahms. J'ai du Rachmaninov. J'ai du Mozart.

— Commençons par du traditionnel, dit le maestro. Commençons par le Haydn.

Je jouai une sonate de Haydn en mi majeur. Il me sembla la jouer sans faute.

— Très bien, commenta le maestro. Brahms, maintenant.

— J'ai les *Intermezzi*. Cela va prendre encore vingt minutes. Est-ce que vous avez le temps, maestro ?

— Oui, j'ai le temps. J'aimerais entendre votre Brahms.

Le Brahms se passa bien.

— Qu'est-ce que vous avez d'autre ? demanda maestro.

— La *Sonate n° 2* de Rachmaninov.

— Ah, la romantique. Jouez-la, je vous prie.

Je la jouai, faisant appel à chaque fibre romantique de mon être. L'audition de vingt minutes en était déjà à plus d'une heure.

— Est-ce que vous avez du Scriabine ? demanda-t-il.

— Oui, dis-je. J'ai les études.

— Excellent. Allez-y.

Je dansai tout le long des études.

— Vous avez parlé de Mozart. Vous avez du Mozart ?

— Oui, maestro, j'ai une grande quantité de Mozart.

Je jouai une grande quantité de Mozart.

— Beethoven ?

— Qu'aimeriez-vous entendre de Beethoven, maestro ?

Il nomma quelques sonates, je les jouai toutes.

— Mon Dieu ! s'exclama le maestro quand j'eus fini, je n'ai pas vu le temps passer. Je suis là depuis bientôt deux heures et j'ai raté ma répétition.

Il me demanda de rester assis encore une minute – il allait revenir tout de suite avec le directeur exécutif. Le maestro revint en compagnie de M. Mehta, qui demanda à entendre du Schumann. Puis du Chopin, puis du Liszt.

— Combien de concertos avez-vous ? demanda M. Mehta.

— Trente. Dont vingt que je connais par cœur.

— Lesquels ? s'enquit M. Mehta.

Je débitai les noms des plus grands – Tchaïkovski, Rachmaninov, Prokofiev, Beethoven.

— Si vous aviez le choix, lequel joueriez-vous pour vos débuts avec le Chicago Symphony ?

Je frémis de plaisir à cette idée. Je faillis citer le n° 3 de Rachmaninov mais à la dernière seconde, je répondis le n° 1 de Tchaïkovski, me rappelant toutes les carrières que ce morceau avait galvanisées – celles d'Horowitz, de Rubinstein, de Richter.

— Très bien, dit M. Mehta. Je dois vous quitter maintenant, et le maestro aussi a pris du retard. Merci du temps que vous nous avez consacré. Vous aurez très bientôt de nos nouvelles.

Un échange de poignées de main conclut la rencontre.

J'étais transporté de joie. J'avais joué pendant près de trois heures. Bien plus qu'une audition, j'avais donné un récital privé. Dans l'avion qui nous ramenait à Philadelphie, mon père me dit :

— D'ici l'automne, tu donneras des concerts à Chicago. Tu joueras avec un des cinq grands.

— J'espère seulement être capable d'attendre jusque-là.

— Tu n'as pas vraiment le choix, répliqua papa.

La nuit fut peuplée de rêves échevelés. Je planais au-dessus du lac Michigan, je survolais le centre-ville de Chicago. Mon piano me servait d'avion, d'abord un modeste avion à hélices qui devenait un jet, puis un jumbo jet et, pour finir, une fusée en orbite autour du globe. La sonnerie du téléphone me réveilla. Je regardai le réveil et vis qu'il était 8 heures. C'était l'agence.

— S'il vous plaît, rappelez plus tard, dis-je. Il est trop tôt, je n'ai pas les idées claires.

— Quand vous aurez entendu ce que j'ai à vous dire, vous comprendrez que c'est impossible.

En bâillant, j'écoutai d'une oreille distraite.

— André Watts doit jouer à Ravinia ce soir, mais il est trop malade pour continuer. Il a de la fièvre. Ils ont besoin d'un remplaçant. Ils ont besoin de vous.

Aucun doute, c'était mon rêve qui continuait. J'étais toujours dans ma fusée, en train de tourner à toute allure autour de la Terre.

— Lang Lang, reprit l'agent, vous êtes là ? Vous allez jouer avec le Chicago Symphony. Ce soir. Ils veulent le premier mouvement du n° 1 de Tchaïkovski. Vous avez quatre-vingt-dix minutes pour être à l'aéroport. Alors il faudrait peut-être vous lever et vous remuer un peu. Maintenant !

Je bondis hors du lit. Je réveillai mon père et lui annonçai la nouvelle en sautant comme un cabri.

— Tu as mal compris, dit-il. Ton anglais te joue des tours et tu as mal compris.

— J'ai tout compris, jusqu'au moindre mot, papa. Habille-toi. Une voiture passe nous prendre dans vingt minutes.

Je passai les vingt-quatre heures qui suivirent – sans doute les vingt-quatre heures les plus surréalistes de toute mon existence – dans une sorte de rêve, un rêve éveillé cette fois, un rêve que je nourrissais depuis ma petite enfance à Shenyang. Tout commença quand j'embarquai avec mon père dans l'avion pour Chicago. Pendant le vol, je jouai le Tchaïkovski, mes doigts courant sur un clavier imaginaire suspendu dans les airs. Les cuivres majestueux du Chicago résonnaient à mes oreilles, je voyais la foule des trente mille fans assis devant moi. Je rêvais éveillé et je savourais chaque seconde de ce rêve.

À l'aéroport, au lieu d'un taxi comme le jour précédent, un chauffeur en uniforme nous accueillit d'un « Bonjour, monsieur Lang, bienvenue à Chicago » et nous installa à l'arrière d'une longue Lincoln Town Car qui fila vers Ravinia pour les répétitions.

Le maestro m'attendait. Près de lui, il y avait Isaac Stern, ce même Isaac Stern qui, pour sa fameuse vidéo *De Mao à Mozart*, avait tourné dans toute la Chine et conquis le cœur de mes compatriotes. Près de Stern se trouvait Leon Fleisher, célèbre pianiste américain et ami proche de M. Graffman. À côté de Fleisher se tenait Alicia DeLarrocha, la plus célèbre pianiste d'Espagne et une des meilleures au monde, une femme que j'admirais depuis longtemps.

— Nous avons tellement entendu parler de vous, Lang Lang ! s'exclama-t-elle. Nous sommes venus assister à votre répétition.

J'étais trop sidéré pour répondre. Je ne pus que sourire et m'incliner.

Et le rêve continua. C'était la première fois que je jouais Tchaïkovski avec un grand orchestre. Le maestro me regarda, stupéfait.

— On dirait que nous répétons ce concerto ensemble depuis des semaines.

J'éprouvais la même impression. Je flottais dans les airs. À peine quelques jours auparavant, je lisais des articles sur le Gala du siècle dans un magazine, en imaginant ce que ce serait de jouer avec l'orchestre de Chicago, pour m'entendre dire qu'il faudrait au moins dix ans avant que je ne connaisse cette joie. Et maintenant, cette joie était mienne. Maintenant, j'étais dans la loge, en train de mettre mon smoking et, par la porte entrouverte, j'écoutais les pianistes qui se produisaient avant moi : le fabuleux Leon Fleisher jouant Brahms, la merveilleuse DeLarrocha jouant les *Goyescas* de Granado. Je jetai un coup d'œil hors de la loge et vis la foule qui se pressait sous le chapiteau – cinq mille personnes, à ce qu'on m'avait dit. Et il y en avait vingt-cinq mille autres sur la pelouse et la colline. Le temps était parfait, ni trop chaud ni trop humide, avec une légère brise et un lumineux clair de lune.

Mon heure était venue.

La foule attendait André Watts mais ce fut Isaac Stern qui entra sur scène pour annoncer que j'allais remplacer Watts. Il le fit avec beaucoup de grâce et de charme. Il expliqua l'absence de Watts, et promit au public qu'il n'était pas près d'oublier ce qu'il allait entendre. Il parla du petit nouveau venu de Chine, qui n'avait que dix-sept ans. Il parla de moi avec chaleur et enthousiasme et quand je m'avançai sur la scène en compagnie du maestro Eschenbach, la foule ainsi que la presse internationale débordaient de curiosité.

Je pensai à Michael Jordan et à Tiger Woods. J'imaginai le smash de Jordan en attaquant les accords de Tchaïkovski, le swing de Tiger Woods en jouant les octaves. Les cuivres du Chicago Symphony avaient le son le plus puissant que j'aie entendu de toute ma vie et, grâce à l'orchestre, je jouai mieux que jamais. Je savais que ce rêve n'en était pas un, que c'était bien réel ; ma chance était là et je ne pouvais pas me permettre autre chose que la perfection absolue. Le maestro, le grand orchestre et moi ne faisions plus qu'un. Je flottais hors de moi-même, porté par la musique qui passait sans effort à travers moi et dirigeait mes doigts, leur faisant faire des choses inouïes.

Quand je jouai la dernière note, il y eut un silence,

suivi d'une explosion. Un choc, « une décharge électrique », comme l'appela un des critiques. Et soudain, trente mille personnes se levèrent d'un bond. Depuis la scène, j'avais l'impression qu'ils étaient trente mille à crier : « Bravo ! Bravo ! Bravo ! » Un de ces moments exceptionnels de l'existence. Au fond de mon cœur, je savais que quelque chose de nouveau venait de commencer. C'était le début d'une nouvelle vie.

Après le concert, il y eut un dîner pour les invités, dans une grande tente dressée sur la prairie. Je planais encore très haut, recevant compliment sur compliment, traité comme une star. À notre table, Isaac Stern porta un toast à ce qu'il appela « le lancement d'une longue et brillante carrière ». Midori, violoniste prodige japonaise qui avait été une des idoles de mon enfance, était assise à côté de moi et veillait à ce que je mange mon poisson et mes légumes. Le maestro Eschenbach et M. Mehta levèrent leurs verres à ma santé. Je buvais du jus d'orange plutôt que du champagne – je n'ai jamais aimé le vin ni les boissons alcoolisées – mais j'étais enivré par toute cette adulation.

— Lang Lang, dit M. Mehta, lorsque nous vous avons demandé de remplacer André, nous savions que vous alliez bien jouer. Mais jamais nous n'aurions pu espérer un succès aussi monumental. Cette soirée restera une des plus grandes de l'histoire de Ravinia. On s'en souviendra dans les décennies à venir. En fait, c'est une si bonne soirée que je n'ai pas envie de la voir se terminer. Le maestro et moi en avons discuté et nous nous sommes dit que vous accepteriez peut-être de nous jouer encore autre chose.

— Ce soir ? demandai-je.

— Oui, ce soir, confirma le maestro. Nous aimerions beaucoup vous entendre jouer les *Variations Goldberg*.

— Je n'ai pas la partition, répondis-je.

— Vous le savez sûrement par cœur, dit M. Mehta.

— Mais où est-ce que je vais jouer ?

— Nous allons ouvrir le Martin Theatre et vous nous donnerez un récital privé.

Il était presque 2 heures du matin. Tout le monde était parti sauf les artistes à l'affiche et ils voulaient rester pour m'écouter.

J'avais appris les *Variations Goldberg* de Bach en arrivant aux États-Unis, plus de deux ans auparavant, et je ne les avais pas jouées très souvent. L'œuvre durait une heure vingt. À un moment, je l'avais eue bien en main mais la connaissais-je encore ? J'avais des doutes. À cet instant, je compris ce que M. Mehta et le maestro avaient en tête. Ils désiraient souligner l'importance historique de cette soirée. Quand André Watts avait seize ans, il avait remplacé Glenn Gould, dont les *Variations Goldberg* étaient le morceau fétiche. Et maintenant, ils voulaient clore le cercle qui nous reliait, Gould, Watts et moi.

— Tu es sûr que tu le sais ? me chuchota mon père quand je lui traduisis la requête.

— Non, je n'en suis pas sûr, admis-je.

— Qu'est-ce que tu vas faire ? demanda-t-il.

— Je n'ai pas le choix. Christoph Eschenbach et Zarin Mehta me demandent quelque chose, je ne peux tout de même pas dire non.

En un rien de temps, on nous embarqua dans une voiturette de golf, direction le Martin Theatre où la veille seulement j'avais auditionné avec le maestro. Celui-ci joua les techniciens, alluma les lumières, me trouva un tabouret et le régla à ma hauteur pour que je sois à mon aise. Puis il alla s'asseoir au premier rang, parmi les éminents artistes qui étaient venus nous rejoindre.

Avant que je commence, mon père me donna une petite tape dans le dos.

— Ne t'en fais pas, tu vas te rappeler chaque note.

Il avait raison. Les *Variations Goldberg* de Bach me revinrent comme dans un rêve, ce même rêve éveillé qui avait commencé quelque vingt heures auparavant, quand la sonnerie du téléphone m'avait tiré du sommeil. La légende des *Variations* veut que Bach les ait écrites pour son ami Goldberg, qui était insomniaque. Les *Variations Goldberg* sont inefficaces comme somnifère, mais sur le plan musical il s'agit d'un chef-d'œuvre et d'un des morceaux les plus difficiles à jouer. Ce fut le dernier acte de la journée la plus stupéfiante de ma vie.

Il était 6 heures quand je parvins enfin à m'endormir dans ma chambre d'hôtel. Le jour se levait. J'avais beau être épuisé, mon esprit continuait de tourner à plein régime. Le sommeil arriva finalement mais en m'endormant, j'avais encore dans les oreilles une étrange mixture du concerto de Tchaïkovski et des *Variations Goldberg*.

9. Les cinq grands

Ils vinrent tous frapper à notre porte.

Chicago fut le premier à ouvrir la voie, mais les quatre autres grands orchestres américains – New York, Boston, Philadelphie et Cleveland – ne tardèrent pas à suivre et à envoyer des invitations.

Les nouvelles de Ravinia s'étaient répandues comme une traînée de poudre dans le monde de la musique classique : un adolescent avait remplacé André Watts et mis le feu au festival. Le gamin était incroyable, il pouvait jouer pratiquement tous les concertos pour piano jamais écrits. C'était quelqu'un qui savait plaire au public, un interprète théâtral à qui rien ne faisait plus plaisir que de partager son amour pour la musique. Le *Chicago Tribune* parla de moi comme du plus grand et du plus spectaculaire talent du clavier qu'on ait vu depuis des années.

— J'ai entendu dire que ç'avait été le grand amour à Ravinia, dit M. Graffman une semaine plus tard, après notre retour à Philadelphie.

— Ce qui est sûr c'est que j'ai adoré ça.

M. Graffman se trouvait en Chine pendant que je

jouais à Ravinia. Il avait manqué le concert mais avait reçu les rapports de première main d'Isaac Stern et de Leon Fleisher.

Je fis mes excuses à mon professeur pour avoir douté de son plan. Si je m'étais inscrit à un concours contre sa volonté, je serais probablement en train de concourir quelque part en Europe, plutôt que sur le point de commencer une vraie carrière.

M. Graffman se mit à rire.

— Tu es jeune et impatient, Lang Lang. Tu es extrêmement motivé – et c'est une qualité formidable. Te voilà sous les projecteurs et je suis certain que tu y resteras toute ta vie.

Il m'avertit cependant que, si les projecteurs m'apportaient le genre d'attention que j'avais recherché ma vie durant, ils pouvaient également être porteurs d'une sorte d'attention à laquelle je n'avais pas pensé – les opinions versatiles des critiques.

— Pour le moment, tu es leur nouvel enfant chéri. Mais personne ne le reste bien longtemps. Les nouveaux artistes qui percent sur scène et gagnent le cœur du public ont en général droit à une lune de miel. Elle peut durer un an ou deux. Et puis, les critiques commencent à aiguiser leurs couteaux. Cela n'arrive pas à chaque fois, mais c'est assez fréquent pour qu'il faille s'y attendre. De toute façon, quelle que soit l'opinion de la presse, tout ira bien pour toi tant que tu seras respecté des autres musiciens et aimé du public.

Je remerciai M. Graffman de ses conseils mais, là encore, je n'étais pas tout à fait convaincu. Après tout, je n'avais encore jamais eu de critique négative. Pourquoi est-ce que cela changerait ? Presque chaque jour, une nouvelle offre arrivait d'un autre orchestre et j'avais maintenant le choix entre deux contrats d'enregistrement, un chez Deutsche Grammophon et l'autre chez Telarc. Je choisis Telarc, même si j'estimais que c'était un label moins connu, à cause de l'attention personnelle qu'ils me promettaient.

Le premier disque à sortir avait été enregistré en live au Seiji Ozawa Hall de Tanglewood. C'était un récital qui comprenait Haydn, Rachmaninov, Brahms, Tchaïkovski et Balakirev.

La photo sur la jaquette du CD montre un garçon de dix-huit ans, un peu enveloppé, un peu boutonneux, vêtu d'un smoking. Quelqu'un me dit un jour : « Lang Lang, tu ressembles à un petit garçon déguisé. »

Cela ne me dérangeait pas. Tout ce que je voulais, c'était jouer. J'étais si heureux d'avoir enfin forcé les barrières vers une carrière professionnelle que j'en fus étourdi quand l'agence me fournit la liste de mes engagements à venir : des débuts européens avec le maestro Temirkanov et le Philharmonique de Saint-Pétersbourg, des débuts à Londres lors des Proms [1] avec le Baltimore Symphony, sans parler des concerts avec les orchestres symphoniques de San Francisco, Saint Louis, Dallas, Phoenix et Vancouver et des récitals à Munich, Zurich, Los Angeles, Seattle ainsi qu'au Lincoln Center à New York.

Sur le plan émotionnel, j'avais du mal à gérer tout cela. Bien sûr, j'étais très content de ce qui m'arrivait, mais tout était venu si vite que ma tête n'arrivait pas à rattraper mon cœur. Le problème, c'était d'être passé d'une vingtaine de petits cachetons par an à près de quatre-vingts ; un peu comme une équipe de foot qui serait montée en une seule saison de la quatrième à la première division. Le tourbillon de mon programme me

1. Festival organisé chaque été par la BBC.

déstabilisait ; j'avais l'impression d'avoir la tête à un endroit et le corps à un autre. J'étais, après tout, encore élève à Curtis, avec des devoirs à faire ; je passais mon temps à appeler des amis depuis les étapes de mes voyages pour tenter de rattraper les cours que j'avais manqués. Les voyages en avion étaient trépidants et parfois même un peu dangereux. Il y avait la pression des horaires à respecter et des visas à renouveler. Il y avait des orages, des éclairs et des turbulences dans le ciel, et des problèmes de passeport une fois au sol. Mes leçons avec M. Graffman se faisaient au téléphone, ce qui était loin d'être pratique. Juste quand je commençais à me poser un peu dans une ville, mon père était là pour me rappeler que nous devions être à l'aéroport à 6 h 30 précises le lendemain matin.

Je mis du temps à m'adapter au rythme du succès. Mon nouveau rôle de personnage public me faisait rencontrer chaque jour des gens intéressants. Si je tombais à Los Angeles sur une fille qui me plaisait, j'avais à peine le temps de faire sa connaissance qu'il me fallait déjà repartir. Il en était de même des nouvelles amitiés. Je me fais facilement des amis, pour moi ils sont le sel de la vie, mais comment conserver une amitié quand il faut se dire au revoir après un jour ou deux, en sachant qu'on ne se reverra peut-être pas avant un an ?

Je commençais enfin à bien gagner ma vie. Quand mon grand-père m'appela un jour de Chine et me demanda combien me rapportait chaque concert, je lui répondis : « Cinq. » « Cinq cents ? » demanda-t-il, incrédule. Quand je lui dis non, il demanda : « Cinquante ? » Quand je lui dis que je gagnais cinq mille dollars par concert, il en fut abasourdi. J'achetai une maison dans le centre-ville de Philly et pourtant je n'y étais pas souvent ; j'étais toujours sur la route. Les gens me disaient : « Lang Lang, pourquoi acheter une maison ? Tu ferais mieux de louer un appartement dans une des tours. » Mais l'acquisition d'une maison faisait partie intégrante de mon rêve américain. En Chine, nous n'avions jamais pu devenir propriétaires d'un logement.

Et je pus enfin voir ma mère. Mes premiers gains nous avaient permis de l'appeler à Shenyang, un vrai luxe. Je pouvais maintenant sans problème lui offrir un billet d'avion. Cependant, faute de pouvoir obtenir une carte verte, elle ne restait jamais avec moi bien longtemps. Et comme j'avais déjà commencé à courir de ville en ville, donnant concert après concert – il en est encore ainsi aujourd'hui – le temps que l'on passait ensemble était toujours morcelé. Jamais nous n'avons eu même une semaine ou deux rien qu'à nous, pour profiter de sa visite.

Ce fut malgré tout une grande joie pour moi de pouvoir enfin faire venir maman à Philadelphie. Je ne l'avais pas vue depuis près de trois ans. En la voyant émerger des contrôles à l'aéroport, je me mis à pleurer comme un petit garçon et quand elle me serra dans ses bras, j'en étais redevenu un. Pendant les deux jours qui suivirent, jusqu'à ce que nous nous envolions tous pour un lointain concert, je ne la perdis pas des yeux un seul instant, bavardant avec elle jusque tard dans la nuit.

— Est-ce que le succès t'apporte tout ce dont tu avais rêvé, Lang Lang ? me demanda-t-elle.

Je lui racontai mes difficultés à m'adapter à un emploi du temps harassant, à quitter les nouveaux amis que je venais juste de rencontrer, ainsi que les problèmes que me causait le fait de voyager sans cesse. Je lui parlai aussi de mon amour toujours plus profond pour la musique. Je lui révélai des secrets que je n'avais jamais confessés à personne – que, tout en jouant, je psalmodiais une litanie des choses que je voulais voir arriver. Encore et encore, je psalmodiais : « Faites que j'aie un récital au Carnegie Hall, faites que j'aie un récital au Carnegie Hall, faites que je parte en tournée en Chine, faites que je parte en tournée en Chine. »

Ma mère m'assura que je retournerais bientôt en Chine.

— Tout le monde là-bas se souvient de toi, me dit-elle. La Chine veut revoir Lang Lang.

Il se trouva cependant que ce n'était pas tout à fait le cas.

V

CITOYEN DU MONDE

1. Retour aux sources

Nous sommes tous, bien sûr, les enfants de nos mères chéries ; ma propre mère est le roc qui m'a permis de rester sain d'esprit – j'ai pour elle un amour infini. Mais nous avons aussi des mères symboliques. La Chine, où toutes les rivières sont vues comme des entités maternelles, est le pays qui m'a donné le jour. Pourtant, à cause des liens culturels, particulièrement forts dans le domaine musical, qui unissent la Russie à la Chine, la Russie m'a nourri de bien des façons, elle aussi. Très tôt dans ma vie, on me dit que j'avais l'âme russe. On peut dire que j'ai la musique russe dans le sang.

Enfant, puis adolescent, je considérais les compositions russes comme le summum de la construction musicale. Leur complexité était un défi qui m'éblouissait à tous les niveaux, tant sur un plan émotionnel qu'intellectuel. C'était en jouant Tchaïkovski que ma carrière avait décollé à Ravinia. Ce fut donc avec ravissement qu'en décembre 2000, à l'âge de dix-huit ans, je me retrouvai à arpenter les rues de Saint-Pétersbourg, béat d'admiration devant ses alignements de vieilles églises et de superbes bâtiments. J'allais le lendemain faire mes débuts en Europe de l'Est dans cette ville, cœur culturel de la Russie, et en marchant, j'entendais dans ma tête le *Second Concerto pour piano* de Rachmaninov que je devais jouer avec le Philharmonique de Saint-Pétersbourg. Je l'avais déjà joué mais jamais là-bas, dans son pays d'origine, et jamais devant un public russe de *cognoscenti* [1].

Bonheur supplémentaire, j'allais donner des concerts dos à dos avec Evgeny Kissin, pianiste russe de dix ans mon aîné que j'adorais depuis l'enfance. Kissin occupait la salle de répétition à côté de la mienne et j'étais ému d'être aussi proche d'un homme que j'admirais profondément.

J'entrai sur la scène en pensant à Horowitz. Horowitz dont le glorieux concert de retour sur le sol russe, en 1986, après soixante ans d'absence, avait été capturé sur un film que j'avais vu des milliers de fois.

Je m'inclinai devant un public qui, j'en avais conscience, était probablement le plus exigeant que j'aie jamais affronté. Je m'installai au piano et me mis en devoir d'interpréter l'une des plus grandes œuvres de leur plus grand compositeur. Après le n° 3 de Rachmaninov, je jouai sa seconde sonate, ainsi que du Tchaïkovski, du Scriabine et le redoutable *Islamey* de Balakirev, ce fameux morceau qui avait bien failli briser ma relation avec mon père.

C'était un programme entièrement russe, sur le sol russe, devant des amateurs russes de musique russe. Comment allaient-ils prendre le fait qu'un jeune Chinois s'approprie leur répertoire bien-aimé ?

Ils se levèrent et m'acclamèrent durant six longues minutes, qui resteront parmi les meilleures de ma vie.

1. En italien dans le texte : amateurs avertis, connaisseurs.

Le lendemain, la presse russe rappela qu'au XXe siècle un pianiste texan, Van Cliburn, avait causé un séisme dans le monde de la musique classique en venant remporter à Moscou le Concours international de piano Tchaïkovski. Et maintenant, poursuivait l'auteur de l'article, voilà qu'à l'orée du nouveau millénaire, un adolescent chinois venait prendre le pays d'assaut. Merci à toi, mère Russie.

La réponse arriva, définitive.

— Désolés, dit l'agence, mais les organisateurs chinois disent que Lang Lang n'est plus assez connu en Chine. D'après eux, il y a beaucoup d'autres jeunes pianistes plus réputés – des pianistes qui ont gagné récemment des compétitions importantes. Quand ils ont voulu savoir quels concours vous aviez remportés récemment, nous leur avons expliqué que vous avez dépassé ce genre de chose. Les Chinois ne l'ont pas bien pris. Ils disent qu'ils veulent des lauréats.

Voici l'histoire : je cherchais une bonne occasion de faire mon retour en Chine et j'étais convaincu que ce serait avec le New York Philharmonic. Zarin Mehta était leur nouveau directeur exécutif et le maestro Lorin Maazel leur directeur artistique. Ils voulaient que je joue lors de leur premier concert à New York et que je les accompagne ensuite dans leur tournée en Asie, qui comporterait des étapes à Pékin et à Shanghai. Bien sûr j'étais ravi à cette idée.

Mais une semaine plus tard je reçus un appel du Philadelphia Orchestra. 2001 serait la dernière tournée en Asie du maestro Wolfgang Sawallisch avant sa retraite et c'était aussi l'année marquant le centenaire de leur orchestre. Ils désiraient que je joue avec eux un grand concert à la Grande Salle du peuple de Pékin. Le président chinois y assisterait et le concert serait retransmis dans tout le pays. Encore mieux, le concert était prévu avant la tournée du New York Philharmonic et il m'était possible de faire les deux.

J'étais aux anges. J'allais retourner chez moi avec ce même orchestre qui avait accompagné Nixon !

Bien sûr, ce nouveau développement n'allait pas sans quelques complications ; New York me fit savoir que, s'ils étaient heureux que j'aille en Chine avec le Philadelphia, ils préféreraient que j'y joue autre chose que le *Concerto n° 2* de Rachmaninov. Je proposai un concerto de Mendelssohn.

Philly eut heureusement la gentillesse de le comprendre.

Mais tout était loin d'être réglé. Les organisateurs chinois n'étaient pas satisfaits.

— Quand le Philadelphia se produira dans la Grande Salle du peuple, nous voulons qu'il vienne avec une grande star internationale. Le nom de Lang Lang n'est pas un nom mondialement connu. En Chine, Lang Lang est même pour ainsi dire oublié.

Ils informèrent le Philadelphia Orchestra qu'ils ne pouvaient m'accepter comme soliste tête d'affiche.

Les dirigeants du Philly furent surpris – ils étaient persuadés que les organisateurs chinois seraient ravis de ma venue.

— Une grande star, il nous faut une grande star, insistaient-ils sans relâche.

J'étais effondré. Je m'étais imaginé ce retour en Chine comme le moment le plus glorieux de toute ma vie. La Chine, c'était chez moi. C'était en Chine que j'avais appris l'amour du piano. C'était la Chine qui m'avait donné les fondations sur lesquelles je m'étais construit en tant qu'artiste, elle qui m'avait admis dans un de ses plus prestigieux conservatoires et qui avait célébré les nombreuses victoires de mon enfance. Comment la Chine pouvait-elle maintenant me rejeter ainsi ?

Le maestro Sawallisch me dit que les organisateurs chinois restaient intraitables. Il m'informa que l'orchestre allait en discuter et qu'il me tiendrait au courant. Les jours passèrent. Je commençais à perdre espoir, de plus en plus convaincu que mon retour au pays avec le Philadelphia Orchestra n'aurait jamais lieu.

Enfin, le téléphone sonna.

— Nous avons eu des contacts avec les organisateurs chinois, déclara le maestro Sawallisch. Ils ne cèdent toujours pas d'un pouce. Ils ont mentionné un pianiste chinois qui vient juste de gagner une compétition importante, mais j'ai refusé, je n'avais jamais entendu parler de cet artiste. Puis ils ont proposé un autre concertiste, le dernier lauréat en date d'un autre concours, mais je ne connaissais pas non plus cette personne et j'ai encore refusé. Finalement je leur ai dit : « Écoutez, messieurs, voilà ce qu'il en est : nous voulons Lang Lang, parce que Lang Lang ne vient pas seulement de Chine, il vient aussi de Philadelphie. Nous avons une lettre du gouverneur de Pennsylvanie qui soutient Lang Lang et l'appelle "notre Philadelphien d'adoption". C'est un élève qui fait honneur à Curtis, un pianiste plein de talent, et nous le considérons comme la tête d'affiche qui convient le mieux pour notre tournée. » Et nous leur avons dit : « Si vous ne voulez pas de Lang Lang, nous refusons de venir en Chine. »

J'étais sous le choc.

— Et comment ont-ils réagi à ça ? demandai-je.

— Ils ont dit qu'ils allaient y réfléchir.

— Et s'ils disent non ?

— Alors tout est annulé. Pas de Lang Lang, pas de concert du Philadelphia Orchestra.

J'étais bouleversé par une telle solidarité. Quand j'en parlai à mon père, il fut d'avis que les organisateurs allaient devoir céder, que le Philadelphia Orchestra dans la Grande Salle du peuple était une affiche trop prestigieuse pour qu'ils y renoncent. Mais je n'en étais pas aussi sûr.

Quelques jours passèrent, dans l'attente et l'inquiétude.

Puis on nous appela.

— Les organisateurs chinois nous ont donné leur accord, le concert aura lieu.

Mais quelques semaines plus tard, il faillit bien être annulé.

Les relations entre les États-Unis et la Chine étaient difficiles. À cause de divers incidents survenus à cette période, les tensions étaient au plus haut, ce qui conduisit le Boston Symphony Orchestra à annuler sa tournée chinoise. Au printemps 2001, un avion espion américain entra en collision avec un chasseur chinois dont le pilote, Wang Wei, fut tué. Les États-Unis clamaient que leur appareil était dans « l'espace aérien international », la Chine maintenait que l'incident s'était produit au-dessus du « territoire chinois ».

Nos projets de tournée restèrent en suspens encore de nombreux jours, le temps que les diplomates parviennent à démêler la situation. La controverse enflait et j'étais de plus en plus découragé. Je voulais rentrer au pays, je voulais voir ma mère et je voulais jouer dans la Grande Salle du peuple de Pékin avec le fameux Philadelphia Orchestra. Mais au-delà des considérations professionnelles, j'étais tout simplement désolé que les deux pays que j'aimais le plus soient en si mauvais termes.

Encore des jours de suspense. Encore des appels téléphoniques angoissants. Toujours l'incertitude.

Et puis, le coup de fil.

— C'est bon, nous dit un officiel américain. Vous et le Philadelphia, vous pouvez y aller.

Le hic, c'était que mon père ne pourrait pas m'accompagner. S'il sortait des États-Unis, il n'était pas sûr de pouvoir obtenir un visa pour y rentrer. Les États-Unis étaient maintenant notre quartier général et il fallait qu'il soit là-bas à mon retour. En attendant, j'avais d'ici là un autre rendez-vous important : mon premier concert au Carnegie Hall.

Il eut lieu le 26 avril 2001 et j'éprouvai un plaisir particulier à y faire mes débuts avec le Baltimore Symphony, sous la direction du maestro Yuri Temirkanov. J'aimais le Baltimore Symphony parce que c'était le premier grand orchestre américain à m'avoir donné ma chance et, bien sûr, j'adorais déjà le Carnegie Hall bien avant de pouvoir le contempler de mes yeux, lors de ce premier voyage à New York où j'avais joué au Steinway Hall. Jouer au Carnegie Hall, c'était sentir la présence vivante d'Horowitz et de Rubinstein, mes maîtres, qui s'y étaient produits tant de fois. L'acoustique y était la meilleure que j'aie connue jusque-là ; entre le cadre, si riche d'inspiration, où je pouvais sentir la présence, ainsi que l'amour pour la musique, des innombrables artistes qui y avaient joué avant moi et le son spectaculaire, je me sentis planer dans les airs, plonger au plus profond des eaux. Pour la première fois de ma vie, tandis que je jouais, je ne fis plus qu'un avec mon piano.

Je jouai le *Concerto en la mineur, opus 16*, de Grieg.

Certains le considèrent comme un morceau un peu trop galvaudé mais je l'adore et m'efforçai d'en faire ressortir le lyrisme audacieux. Le public m'acclama et la critique chanta mes louanges. Quelqu'un écrivit que j'exprimais la liberté par des changements de tempo et de dynamique – un exploit pour un pianiste de dix-huit ans qui n'avait toujours pas fini sa scolarité à Curtis.

Après le triomphe du Carnegie Hall, j'étais prêt à rentrer chez moi. En dépit de l'imbroglio politique entourant ce rendez-vous à la Grande Salle du peuple avec le Philadelphia Orchestra, je n'avais pas changé d'avis. C'était toujours le retour en Chine dont j'avais rêvé.

Ces quatre années passées loin de mon pays avaient fait de moi quelqu'un de différent, un artiste différent. À mon arrivée aux États-Unis, j'étais encore un enfant, soumis aux exigences et à la discipline de mon père ; j'arrivais maintenant à l'âge adulte, j'étais devenu un jeune homme capable de prendre mes propres décisions et c'était maintenant moi qui expliquais ce nouveau monde à mon père, resté enraciné dans l'ancien. Pendant quatre ans, j'avais travaillé le piano six, sept ou huit heures chaque jour. J'avais mûri en tant qu'artiste sous la tutelle de Gary Graffman qui avait modifié ma façon de voir, jusqu'au sens de ma propre identité.

Je voulais que la Chine, ma patrie bien-aimée, soit fière de moi. Je voulais que la Chine voie ce que j'étais devenu et m'accueille à bras ouverts.

2. La presse

Ma première conférence de presse à Pékin eut lieu vingt-quatre heures à peine après mon arrivée. C'était fin mai 2001 et j'avais ma mère à mes côtés. Resté en Amérique, mon père appelait toutes les demi-heures pour se tenir au courant.

Je me tenais sur un podium et les journalistes chinois me criaient leurs questions. Les caméras tournaient.

— Qu'avez-vous fait depuis votre départ de Chine ? demanda un des reporters.

— J'ai travaillé mon piano, répondis-je.

Tout le monde se mit à rire. Je leur racontai que j'avais remplacé André Watts à Ravinia et leur parlai de mes débuts au Carnegie Hall.

— Quels concours avez-vous remportés ? demanda un autre.

J'expliquai que le système était différent en Amérique. Passé un certain point, on n'est plus censé concourir.

— Si vous n'avez pas remporté de prix, reprit un troisième journaliste, comment se fait-il que le Philadelphia vous ait choisi ?

— Sans doute parce qu'ils m'aiment bien, répliquai-je.

Personne ne rit. C'étaient les compétitions qui les intéressaient et comme ils ne trouvaient pas mes explications à leur goût, leurs questions se firent hostiles.

— Croyez-vous que vous pourriez triompher aujourd'hui dans un grand concours ?

— Seriez-vous prêt à participer à des concours pendant votre séjour en Chine ?

— Qu'est-ce qui nous dit que vous êtes à la hauteur, si vous n'avez pas de trophée pour le prouver ?

La conférence de presse devenait d'une telle agressivité qu'elle me gâchait presque la joie de retrouver ma mère.

— Ils changeront tous de refrain quand ils t'entendront jouer, me dit-elle ensuite.

Mon père était furieux.

— Si j'étais là, fulmina-t-il, je leur dirais à tous d'aller se faire voir !

Rien que pour cette raison, j'étais content qu'il ne soit pas venu.

Le maestro Sawallisch m'apporta tout le soutien possible. Il prit ma défense, déclarant aux journalistes que j'étais un merveilleux pianiste et que la compétition n'était pas un critère pour la qualité du jeu. Mais ils ne l'écoutèrent pas vraiment.

Lors des interviews individuelles qui suivirent, ils se montrèrent tout aussi sceptiques quant à mes quatre années en Amérique. Je leur expliquai que la vision des choses était différente aux États-Unis, que l'on s'y prenait autrement là-bas pour lancer une carrière. Autant m'adresser à un mur.

J'en avais assez d'argumenter, assez de devoir sans arrêt me justifier.

— À quoi bon ? me demanda le maestro Sawallisch. Ils auront la réponse à toutes leurs questions quand tu joueras dans la Grande Salle du peuple.

Le concert se passa très bien. Ma mère était là ainsi que beaucoup de nos parents de Shenyang, et bien que la Grande Salle du peuple ne soit pas une salle de concerts mais une salle de conférences d'une capacité de dix mille personnes, ce qui nous obligea à utiliser des micros pour jouer tant l'acoustique était mauvaise, j'éprouvais un bonheur intense à me produire dans la salle où siège le pouvoir politique chinois. Cependant, Mendelssohn n'est pas Rachmaninov. Mendelssohn, c'est beau, lyrique, sensible, magnifique même. Or le public chinois n'était pas venu pour du beau et du sensible. Ce qu'ils voulaient, c'était un morceau hautement technique qui justifierait mon absence de trophée ces quatre dernières années. Ils voulaient quelque chose qui leur coupe le souffle. Certes, ils apprécièrent le concert et réagirent chaleureusement, pourtant je sentais bien qu'ils avaient espéré mieux. Je m'abstins d'expliquer que j'avais choisi une œuvre relativement plus modeste par égard envers ma tournée à venir avec le New York Philharmonic, car j'aurais eu l'air de vouloir rabaisser le Philadelphia. Ce soir-là, dans la Grande Salle, je choisis de jouer comme rappel *La Rivière Liu Yang*, que je dédiai aux professeurs Zhu et Zhao, « mes chers professeurs, sans qui je ne jouerais pas devant vous aujourd'hui ».

Les applaudissements furent nourris.

— Combien de temps ont-ils applaudi ? voulut savoir mon père qui appelait de Philly.

— Longtemps.

— Est-ce qu'il y a eu des acclamations et des bravos ? Est-ce qu'ils t'ont fait une *standing ovation* ?

— Voyons, papa. Ça fait trop longtemps que tu vis en Amérique. Tu oublies qu'en Chine on applaudit. On ne se lève pas pour acclamer.

— Je pensais pourtant qu'ils t'acclameraient.

— Ils ont été très chaleureux.

— Et la presse ?

— Je crois qu'ils vont y venir.

— La presse chinoise finira par t'adorer. Mais ça leur prendra un peu de temps. Ils n'aiment pas l'idée que tu fasses carrière en Amérique plutôt qu'en Chine.

Trois mois plus tard, en août 2001, je m'envolerais en direction de Londres pour mes débuts en Europe de l'Ouest, lors des BBC Proms au Royal Albert Hall. J'y jouerais le même répertoire qu'à Saint-Pétersbourg, le *Troisième Concerto pour piano* de Rachmaninov avec le Philarmonique de Saint-Pétersbourg sous la direction du maestro Yuri Temirkanov.

La salle comble débordait d'enthousiasme et les critiques se montrèrent tout aussi chaleureux.

Le *London Times* écrivit : « C'est peut-être bien une nouvelle page de l'histoire de la musique qui est en train de s'ouvrir. »

Ce fut une expérience exaltante et je rêvais qu'un jour, la Chine m'accueille avec le même enthousiasme.

3. Les critiques

Tandis que l'avion survolait le Pacifique et l'immense continent américain, je commençai à avoir mal à la tête et des difficultés à garder les idées claires. Je lisais *Le Vieil Homme et la mer* d'Hemingway, une histoire que j'aimais beaucoup. La langue d'Hemingway était simple, pleine d'émotion, et facile à comprendre pour moi. Il écrivait avec son cœur, pas avec sa tête. Et pourtant, j'avais du mal à saisir le sens de ses mots. En arrivant à la douane, j'étais malade. Mon père me ramena vite à la maison où je dormis pendant toute une semaine, grelottant de fièvre. Dès les premiers signes de rétablissement, mon père me reprocha d'avoir manqué autant de séances de travail.

J'avais obtenu mon diplôme à Curtis en mai 2002, nous étions presque en juillet et je devais retourner à Ravinia pour cinq jours avec le maestro Eschenbach. Ils appelaient mon séjour là-bas « la semaine Lang Lang » et j'y jouerais cinq concerts différents, tous avec des programmes difficiles, comprenant les *Variations Paganini* de Rachmaninov, le Grieg et un concert de musique de chambre. Ravinia, le festival qui m'avait propulsé au niveau supérieur et m'avait apporté la notoriété, me faisant vivre ces deux dernières années dans un tourbillon.

Au cours des vingt-quatre derniers mois, j'étais devenu le nouveau jeune prodige et cette troisième visite à Ravinia me ramenait en triomphe là où ma nouvelle vie avait commencé.

Comment un critique peut-il me dire ce que Tchaïkovski avait en tête, alors qu'il ne l'a jamais rencontré ? Qui peut savoir comment Rachmaninov voulait qu'on joue ses œuvres ? Nous ne faisons tous qu'interpréter un texte. Il n'y a pas d'instructions précises, par exemple sur la force à employer pour frapper les touches, ou encore le degré exact d'émotion nécessaire pour un *rubato*. Jouer de la musique n'est pas une science exacte. C'est de la poésie, de la romance. Musicalement, comment exprime-t-on la nostalgie ? La colère ? La peur ? La jubilation ? La confusion ? La clarté ? On regarde le texte, on cherche en soi-même et on construit une interprétation. D'accord, cette interprétation est née d'une œuvre écrite par quelqu'un qu'on ne connaît pas ; mais une interprétation personnelle doit être la manifestation authentique de quelque chose que chacun connaît : l'émotion.

À Ravinia, je me fis étriper par ce même critique qui m'avait encensé trois ans auparavant. Jamais je n'avais vu cela. Il m'accusait de démolir Tchaïkovski et de massacrer Rachmaninov. Il avait détesté le concert et reprochait au maestro d'avoir fait une confiance aveugle à un pianiste dément. D'après lui, nous complotions tous deux l'assassinat de la musique classique. Le maestro était furieux. Il voulait des excuses publiques, il voulait l'affronter, mais ses collègues parvinrent à le calmer. Cependant, les paroles de ce critique trouvèrent de l'écho chez d'autres. Lang Lang joue trop de Lang Lang, et pas assez de Beethoven. Le Mozart de Lang Lang, c'est plus du Lang Lang que du Mozart. Pourquoi faut-il que Lang Lang « Lang-Lang-ise » tout ce qu'il joue ? Trop personnel, écrivaient-ils. Trop subjectif. Trop sentimental. Trop romantique. Trop complaisant. Trop indiscipliné. On me décrivait comme un technicien de génie doublé d'un interprète égocentrique.

M. Graffman me conseilla de ne pas lire ce qu'ils disaient, mais de m'intéresser plutôt au nombre de lignes. « Plus les articles sont longs, me dit-il, et plus tu suscites d'attention. »

Au moins on parle de moi, pensais-je.

Papa ne voyait pas les choses de cette manière. Il découpa tous les articles et me les fit traduire.

— Tu dois écouter ces critiques, me dit-il. Ce sont des gens qui s'y connaissent.

— Ce sont des abrutis, répliquai-je.

— Même les imbéciles ont quelque chose à nous apprendre, rétorqua mon père.

De longues et âpres discussions s'ensuivirent. Mon père prétendait qu'écouter la critique me serait utile et je soutenais que cela ne ferait que me déprimer.

Je gardais la tête haute et continuais à jouer. Les propositions affluaient toujours et je m'aperçus, non sans amusement, que les critiques y étaient pour quelque chose. Elles faisaient de moi un personnage controversé et, ironiquement, la controverse fait vendre.

4. Maestro Barenboïm

Je crois fermement à l'adage qui dit : « Quand l'élève est prêt, le maître apparaît. » C'était certainement vrai pour ma chère professeur Zhu, et il en fut de même pour le professeur Zhao. Sans Gary Graffman, je n'aurais jamais eu de carrière ; guide et gourou affectueux, plein de science et de patience, ce fut lui qui m'aida dans la difficile transition entre l'Orient et l'Occident. Je n'ai jamais rencontré de pianiste plus doué que lui pour le phrasé. Et quand je fis la connaissance de Christoph Eschenbach à Ravinia, il devint lui aussi mon professeur et mon mentor, me poussant à exprimer ma personnalité musicale dans tout ce que je jouais. Il me donna confiance en moi, et me soutint sans faiblir. Quand les critiques m'attaquèrent, m'accusant de personnaliser les œuvres bien au-delà des intentions de leurs compositeurs, le maestro me dit :

— Suis ta propre route, reste toi-même.

Sa technique au piano fut pour moi une révélation : c'est un artiste généreux et spirituel dont les pianissimos ont le timbre des cloches du paradis. Il est devenu, et resté, l'un de ceux avec qui je suis en collaboration presque constante. Avec le maestro dirigeant l'Orchestre de Paris, j'enregistrai les concertos pour piano Nº 1 et 4 de Beethoven, qui plus tard me valurent ma première nomination aux Grammy Awards.

Ce fut en septembre 2002, à New York, que je rencontrai mon mentor suivant, après un concert avec le maestro Lorin Maazel, qui commençait sa première saison à la tête du New York Philharmonic. J'avais joué le 2 de Rachmaninov, j'étais épuisé et je m'apprêtais à quitter la loge pour rentrer à l'hôtel quand on frappa à la porte. C'était Zarin Mehta, le directeur du festival.

— Il y a quelqu'un que je voudrais vous présenter.

Zarin s'effaça, et il y avait là le maestro Daniel Barenboïm.

Je n'avais pas la moindre idée qu'il se trouvait dans le public. Sans réfléchir, je laissai échapper :

— Oh, maestro, voulez-vous me prendre pour élève ?

— Mais bien sûr, répondit-il.

Je ne l'avais jamais rencontré auparavant, et même si ce n'était pas très convenable de ma part, je ne pus me retenir de le serrer dans mes bras. Tout de suite, à cet instant, je sus qu'il allait changer ma perspective musicale.

Je me sentais proche du maestro Barenboïm sur bien des plans. D'abord il avait été lui aussi un enfant vedette, le plus célèbre de sa génération, donnant des récitals au piano avant même d'être assez grand pour atteindre les pédales. Né en Argentine, il était devenu citoyen israélien et, à mes yeux, un véritable citoyen du monde. Son talent de pianiste était sans égal, son répertoire penchait fortement du côté de l'école allemande et en tant que chef d'orchestre, son répertoire était pour le moins ahurissant – il avait une connaissance approfondie d'à peu près toutes les œuvres importantes du domaine classique.

Barenboïm est également célèbre pour s'être servi de la musique dans le but de calmer les tensions politiques. Bien que né juif durant la Seconde Guerre mondiale et élevé en Israël, il est réputé pour son travail avec deux grands orchestres, le Chicago Symphony Orchestra et le Staatskapelle de Berlin. Il est aussi célèbre pour sa collaboration, au nom de la paix et de la compréhension mutuelle, avec l'ancien professeur de l'université de Columbia Edward Saïd, un Palestino-Américain. De loin, je considérais Daniel Barenboïm comme un grand homme.

De près, c'était quelqu'un de pragmatique, très facile d'approche.

— Appelez-moi donc Daniel, dit-il, et contactez-moi quand vous voudrez.

Je le pris au mot et sa parole était d'or. Il est devenu un véritable ami dont le soutien ne m'a jamais fait défaut. Il s'est également révélé le plus attentif des professeurs. Daniel m'a appris que les émotions sont des ingrédients indispensables à l'interprétation musicale, mais qu'une émotion trop exacerbée peut être préjudiciable. Le premier devoir d'un interprète est de comprendre la structure de l'œuvre. C'est la structure qui fait tout. Ce sens de la structure, Daniel l'avait hérité en partie de son propre professeur, Arthur Rubinstein. Stupéfiant : un de mes professeurs – Graffman – avait reçu l'enseignement d'Horowitz et mon nouveau mentor était un élève de Rubinstein ! Je remerciai les dieux pour cette bonne fortune.

Daniel m'enseigna l'approche allemande du piano. Il m'aida également à mieux comprendre Rubinstein. Le son de Rubinstein, en particulier sa façon de jouer

Chopin, était célèbre pour sa sensibilité et sa chaleur ; on aurait dit une voix humaine. D'une façon générale, le style russe emploie davantage de mouvements de bras, tandis que le style allemand préfère des doigts solides et bien plus d'intensité dans les mains.

Daniel avait joué toutes les symphonies de Beethoven quand il n'avait encore que seize ans et m'expliqua que, bien que Beethoven soit manifestement riche en émotions, il est nécessaire, quand on le joue, de réfléchir avant de s'élancer ; il faut contrôler son esprit avant de se laisser emporter par ses sentiments ; il faut bien peser les deux – émotion instinctive et discernement intellectuel – afin de trouver l'équilibre parfait. Un équilibre toujours présent dans le jeu de Daniel. Sans cesse, il me rappelait de penser à me poser d'abord les questions les plus profondes et les plus mystiques : Qu'y a-t-il derrière les notes ? Quelle est l'intention ? Quel est le sens ? Quelle est la structure d'ensemble, qu'il s'agisse de technique de composition ou d'histoire humaine ?

J'étais tombé amoureux de l'école russe. J'étais tombé amoureux des Français ; quand je jouais Debussy ou Ravel, l'extrême légèreté du toucher m'évoquait un souffle d'air frais, les toiles des impressionnistes, les parfums français. Et maintenant, grâce à Daniel, je tombais amoureux des Allemands.

Avec au cœur ce nouvel amour pour le répertoire d'Europe de l'Ouest, je me rendis pour la première fois à Vienne en décembre 2002, afin d'assister au concert de Daniel, et de prendre avec lui ma première leçon en vue d'un enregistrement pour Deutsche Grammophon. J'y appris mes premiers mots d'allemand : *Guten Abend*, qui veut dire « bonsoir », et *Vielen Danke*,

« merci beaucoup ». À Vienne, je me retrouvai à respirer du Mozart – sa musique saturait l'air.

L'air de la nuit, ce soir-là, était glacial. La neige tombait doucement tandis que j'arpentais les rues pavées, et il m'était facile de m'imaginer au XVIIIe siècle. Je pensais à mon avenir, mais c'était agréable aussi de se perdre dans le passé. Les magasins m'intriguaient – les bijoutiers, les chocolatiers, les boutiques anciennes où l'on vendait des partitions et des miniatures de Wolfgang Amadeus. Le charme tranquille de Vienne me mit en condition et quand, au coin d'une rue, j'aperçus, juste en face de moi, la raison de ma venue dans cette élégante cité, j'en eus les larmes aux yeux. Là, devant moi, se trouvait le Wiener Musikverein, la Salle dorée, centre de la culture musicale viennoise et résidence du Philharmonique de Vienne, dont le fameux concert du Nouvel An est diffusé chaque année depuis cette salle. Sous ses magnifiques dorures, je regardai Daniel diriger le Philharmonique de Vienne dans une symphonie de Brahms. J'en eus le souffle coupé.

À Chicago, je continuai à me préparer avec lui pour l'enregistrement : Daniel dirigeait le Chicago Symphony et, en souvenir de cette nuit à Ravinia moins de quatre ans auparavant, je jouai le *Concerto pour piano n° 1* de Tchaïkovski, et le n° 1 de Mendelssohn. C'était un peu intimidant de voir mon nom sur la jaquette avec ceux du maestro Barenboïm et du Philharmonique de Vienne, pourtant je dois avouer que l'humilité fit vite place à la jubilation quand, peu après sa sortie, le disque se plaça en tête du hit-parade Billboard de la musique classique. Ce fut le premier de mes disques à faire un malheur.

Après ce disque à succès, ma progression s'accéléra. L'enseignement attentif de Daniel Barenboïm sur les grandes œuvres classiques d'Europe de l'Ouest fut une étape clé pour l'élargissement de mon répertoire. De la même manière que les Russes avaient accepté mon interprétation de Rachmaninov, les Allemands se prirent d'amour pour mon Beethoven. L'Allemagne, avec la Chine – mon second concert là-bas avec le New York Philharmonic, où j'avais joué Rachmaninov sous la direction du maestro Maazel, les avait totalement conquis – et les États-Unis, devint un des lieux où je me produisais le plus fréquemment.

La dépression rôdait autour de moi depuis le début de ma carrière professionnelle. Je me sentais constamment à la dérive, toujours seul en dépit des foules qui réclamaient mon attention. J'étais déstabilisé et angoissé. Mes bras et mes mains étaient mon plus grand sujet d'inquiétude. J'avais peur qu'il leur arrive quelque chose. Je redoutais la blessure grave qui m'empêcherait de jouer. Et si je ne pouvais plus jouer, je craignais de devenir fou car j'aurais perdu ma raison de vivre. Le piano était la seule chose qui me rendait heureux. À chaque élancement dans un de mes doigts, à chaque tension dans les muscles d'un bras, j'étais persuadé que cette fois c'était arrivé : la blessure qui mettrait fin à ma carrière, la lésion qui me rendrait infirme pour la vie.

Et puis, cela arriva.

En 2003, un de mes amis de New York m'avait prêté un piano jadis utilisé par Horowitz. Je trouvais bien sûr exaltant de faire courir mes doigts sur le clavier même qu'avait parcouru la main du maître, mais l'ivoire aminci par l'usage m'obligeait à enfoncer les touches avec plus de force que je n'en mets habituellement. Un soir, en travaillant, je frappai particulièrement fort l'ivoire récalcitrant et une douleur fulgurante partit de mon annulaire droit pour remonter tout le long de mon bras.

Ce n'était pas mon imagination. C'était bien ce que j'avais longtemps redouté.

Mon père m'emmena en urgence voir un médecin, qui me dit que j'avais joué trop de concerts et fait trop d'exercices ; j'allais devoir laisser ma main au repos pendant un mois. C'était comme si on me demandait d'arrêter de manger pendant un mois, mais le docteur m'avertit que si j'essayais de jouer, je risquais d'aggraver encore les choses.

Un mois sans jouer, sans rien d'autre à faire que penser à ma blessure. Un mois d'inquiétude. Un mois de peur.

Il fallut annuler des concerts. À la suite d'une de ces annulations, j'eus la surprise de recevoir un coup de fil d'André Watts, qui appelait de Montréal. On venait de lui demander de me remplacer et il voulait s'assurer que j'allais bien.

— Vous avez fait du chemin, me dit-il, maintenant c'est moi qui vous remplace. Il y a des années que je n'avais pas joué ici, alors merci !

Difficile de ne pas trouver ironique que l'homme que j'avais remplacé soit maintenant mon remplaçant. Mais qu'est-ce qui allait remplacer pour moi ce piano dont je ne pouvais plus jouer ?

Le premier jour fut très pénible. Je regardais le mur. Je regardais mon piano. La moindre fibre de mon être me criait de jouer – mais je me retins. Je ne pouvais pas prendre le risque. Je pensais aux drogués privés de leur dose. On appelait cet état le manque. Il fallait que je reste actif et que je m'intéresse au monde qui m'entourait ou j'allais devenir fou.

J'appelai la seule personne qui ait jamais réussi à me faire, ne fût-ce que temporairement, oublier le piano.

— Mais c'est formidable, Lang Lang, répondit Dick Doran quand je lui expliquai la situation.

— Comment pouvez-vous dire ça ?

— Je dis ça car c'est une chance pour toi.

— Une chance de devenir dingue, oui !

Dick se mit à rire.

— Mais non, tu ne vas pas devenir dingue. Tu vas apprendre ce que c'est que de mener une vie normale. Tu t'es abîmé la main parce que la vie que tu mènes n'est pas équilibrée.

Dick voyait là une chance pour moi de trouver l'équilibre, cet équilibre qui est au cœur de la philosophie chinoise. Les Chinois sont les maîtres de l'équilibre et je me plongeai dans les ouvrages de Confucius et de Lao-Tseu pour étudier leurs différentes interprétations du yin et du yang, qui représentent les deux côtés de la nature humaine : le masculin et le féminin, la lumière et l'obscurité, le majeur et le mineur, l'extraverti et l'introverti, le dragon et le phénix, le travail et le repos. Mes journées se passaient à regarder la télé, à aller au cinéma, à voir mes amis et à lire. Dick me suggéra de lire les pièces historiques de Shakespeare ; il me dit que Verdi avait écrit tout un opéra sur Falstaff et qu'à son avis je serais intéressé par *Richard III, Le Roi Jean* et tous les Henry. Il m'apporta aussi un livre analysant toutes les grandes batailles de la Seconde Guerre mondiale, qu'il savait être une de mes grandes passions. Il m'assura que ce mois resterait dans mon souvenir comme l'un des meilleurs de ma vie – l'occasion rêvée pour moi d'apprendre qu'il pouvait y avoir une vie en dehors du piano.

Je commençai par le livre sur la Seconde Guerre

mondiale. Depuis ma naissance en 1982, il y avait eu beaucoup de guerres en de nombreux endroits du monde, mais rien qui ressemble à une guerre mondiale. J'étais intrigué par l'idée que seulement quatre décennies avant ma naissance, la planète entière était embrasée de conflits. L'énormité des forces en jeu me remplissait à la fois d'horreur et de fascination. L'Allemagne qui envahissait la France, les Japonais qui bombardaient Hawaï, les combats en Afrique et en Asie – l'envergure même de cette guerre me donna de quoi lire et réfléchir pendant des jours.

Ensuite, je revins à Shakespeare. J'eus du mal au début ; le texte était difficile, pas assez distrayant pour m'empêcher de penser à la douleur et aux élancements dans mes doigts. Je persévérai cependant et me laissai bientôt prendre par la personnalité complexe de Richard III. Pas à pas, je suivis ses sanglantes aventures et quand il se retrouva sur le champ de bataille, à crier : « Un cheval ! Un cheval ! Mon royaume pour un cheval ! », j'étais là-bas avec lui, assistant à la fin de la guerre des Deux-Roses.

Des amis me rendaient visite. Je faisais de longues promenades dans le centre-ville de Philadelphie. Je visitais des musées et contemplais les tableaux. J'étudiai un Picasso et vis la musique dans ses couleurs, puis je rentrai chez moi écouter du Gershwin et entendis les couleurs dans sa musique. Avec mes amis, je regardais des matchs de basket et des James Bond. Je vis *8 Mile* avec Eminem et compris finalement la compétition acharnée qui règne chez les rappeurs. Je me remis au courant de ce qui se passait dans la vie de mes amis. Certains étaient absorbés par leurs études, d'autres non. Nous discutions de ce qui allait bien ou mal dans nos vies, à l'école, avec nos parents, nos professeurs. Nous échangions des ragots. Nous sortions manger chinois.

Il me restait même du temps pour les filles. Il y en avait plusieurs qui me plaisaient et je commençai à sortir avec certaines. L'une se révéla moins fascinante que je ne pensais, une autre beaucoup plus intéressante que je n'aurais cru. Je m'appliquais à devenir un garçon « normal », de la même façon que je m'appliquais au piano ; pour moi, cela demandait de la discipline, un plan, un programme. Mes amis me taquinaient, persuadés que je n'arriverais pas à m'adapter. Mais assez vite, je commençai à m'amuser, à moins paniquer sur les heures de travail perdues et j'appris à m'immerger dans l'instant présent, à ne penser qu'à ce que j'étais en train de faire.

Au bout d'un mois, ma main était complètement remise. En fin de compte, cette expérience m'a appris beaucoup de choses sur moi-même. Je me suis aperçu que j'aimais passer du temps avec mes amis, lire en solitaire, explorer la ville, regarder la télé et voir des films. Je n'avais pas besoin de dix heures de travail par jour pour rester sain d'esprit. Et surtout, j'ai appris que je pouvais vivre avec le fait que certains critiques n'appréciaient pas ma façon de jouer. Cela n'avait certes rien d'agréable, mais je n'en mourrais pas. Ai-je jamais été un adolescent normal ? Sans doute pas, et pourtant je n'étais pas non plus un monstre. Le piano, c'est très beau, mais ce mois m'enseigna qu'il n'y avait pas que cela. Les amis, c'est beau. Shakespeare, c'est beau. Un smash dans le panier, c'est beau. Dick Doran me fit connaître les chansons de Frank Sinatra, et c'était beau aussi. Quand je sortis diplômé de Curtis, en mai 2002, j'avais appris ce qui restera sans doute la leçon la plus importante de toute mon éducation : ce qui compte le plus, c'est l'équilibre. C'est une leçon que j'essaie de garder à l'esprit, même si l'organisation et les exigences de ma vie de pianiste menacent chaque jour cet équilibre.

Le monde était maintenant différent, et beaucoup plus intéressant qu'il ne l'était un mois plus tôt.

5. Les Deux Chevaux

La salle était vide, la scène nue à l'exception d'un grand Steinway. Dans deux heures, je serais assis au piano devant une salle comble. Le concert, mes débuts en solo au Carnegie Hall, était complet depuis des mois.

Ce récital survenait à un moment étrange de ma carrière. Âgé alors de vingt et un ans, je commençais à avoir des fans. La presse avait beaucoup écrit à mon sujet, mais sur un ton de plus en plus critique. Certains des chroniqueurs qui avaient bâti ma célébrité passaient maintenant leur temps à me démolir ; ils prétendaient que mon jeu était mélodramatique, que mes interprétations étaient mal comprises et personnelles jusqu'à l'idiosyncrasie.

— Il faut s'attendre à ce genre de critiques, me dit M. Graffman quand il m'invita à déjeuner dans son appartement. Qu'est-ce qu'ils pourraient bien faire d'autre ? La critique est leur raison d'être.

Par la fenêtre, je regardai Carnegie Hall de l'autre côté de la rue ; c'était une forteresse qu'il allait falloir prendre d'assaut et conquérir.

— Je voudrais jouer si bien, dis-je à M. Graffman,

que même le critique le plus négatif serait obligé d'admettre ma valeur.

— Impossible. Jouer pour plaire à un critique, c'est comme tenter de charmer le diable. On ne peut pas être plus malin que lui et on ne peut pas l'avoir au charme. La seule chose que tu puisses faire, c'est t'abandonner à la grandeur des œuvres que tu joues.

Il s'agissait effectivement de grandes œuvres : les *Abegg-Variationen* de Schumann, la *Sonate pour piano en do majeur* de Haydn, la *Wanderer-Fantasie* de Schubert, le *Nocturne en ré bémol mineur* de Chopin, les *Réminiscences du Dom Juan de Mozart* de Liszt et les *Huit souvenirs à l'aquarelle* de Tan Dun. Je les avais choisis tant pour leur variété que pour leur beauté. C'est une chose que d'avoir derrière soi sur scène un orchestre symphonique au grand complet qui emplit de son la salle entière. Devoir produire ce son à soi tout seul est une tout autre histoire. À ce moment-là de ma carrière, j'avais évidemment l'habitude des récitals, mais Carnegie Hall, c'était spécial. Il fallait que ce soit parfait.

Je crois que ce fut le cas. En tout cas, le public semblait de cet avis. Les ovations furent longues, chaleureuses et sincères. Rien n'aurait pu me rendre plus heureux. Quand vint le moment des rappels, j'avais déjà décidé qu'en plus de jouer le *Liebestraum* de Liszt et le *Traumerei* de Schumann, je ferais quelque chose de spécial. J'avais envie de jouer un duo avec mon père. Le rêve de jeunesse de mon père, comme tous les musiciens, c'était de jouer au Carnegie Hall, mais sa carrière musicale avait été tuée dans l'œuf. Durant toute ma vie, mon père avait toujours été là, à chaque étape du chemin, pour m'aider à réaliser mon rêve ; en dépit des moments difficiles que nous avions traversés, en dépit de toutes les fois où je lui en avais voulu, où je l'avais même détesté, je n'aurais jamais eu de carrière musicale sans lui – cette carrière qui était devenue mon propre rêve. En jouant avec lui au Carnegie Hall, je lui rendais un peu de ce qu'il m'avait donné. De plus, c'est un excellent musicien et je savais que le public l'apprécierait ; nous allions passer un bon moment ensemble.

Le erhu est un instrument totalement exotique pour des oreilles new-yorkaises et papa en joue superbement. Nous avions choisi une œuvre chinoise intitulée *Course de chevaux*, et sur le programme je l'avais rebaptisée *Les Deux Chevaux*, car nous l'avions arrangée pour deux instruments. Ce morceau plein de vie, dans lequel piano et erhu recréent le bruit d'une poursuite de chevaux sauvages, donnait l'occasion à mon père de démontrer sa virtuosité, ce qu'il fit avec beaucoup de style. Tandis que nous saluions ensemble, main dans la main, je ne pus m'empêcher de penser au chemin que nous avions parcouru, tous les deux – ce fut un moment de grand triomphe et de réconciliation.

Sans que j'aie rien oublié des difficultés du passé, la nature même de ma relation avec mon père avait changé. Au cours des sept années qui s'étaient écoulées depuis notre arrivée à Philadelphie, le rapport de force entre nous s'était inversé de façon spectaculaire. En Chine, mon père était le patron. En Amérique, je suis, lentement mais sûrement, devenu le sien. Je dois admettre qu'il a accepté son nouveau rôle de bonne grâce. Vu que toutes mes affaires en dehors de la Chine se traitaient en anglais, il comprenait bien que j'étais plus à même que lui de m'occuper de ma vie professionnelle. Plus important encore, il reconnaissait mes capacités dans ce domaine et me laissait occuper le devant de la scène en permanence. C'était moi qui traitais avec les agents, la maison de disque et les publicitaires. Je dirigeais seul ma carrière et prenais seul mes décisions, espérant que mon père accepterait un rôle subalterne. Quand je compris que c'était le cas, je n'en éprouvai que plus de respect pour lui. Encore une fois, son dévouement envers moi était mis à l'épreuve, et encore une fois, il s'en tirait avec les honneurs, même si c'était aux dépens de son ego considérable.

6. Au-delà de la musique

Depuis le lancement de ma carrière professionnelle, ma vie a été un tourbillon de voyages, d'effervescence et de prestige. La réalité a même dépassé mes rêves d'enfant. Je passe mon temps dans des avions, en frénétiques allées et venues entre Berlin et Pékin, Buenos Aires et Séoul, New York et Tokyo, de la cérémonie des Golden Globes à la Coupe du monde, à la cérémonie des prix Nobel et aux Grammy Awards. J'ai joué au Kremlin et à la Maison-Blanche, devant la reine d'Angleterre et, à six reprises, devant le président chinois Hu. On vient me chercher à l'aéroport pour m'installer dans les suites luxueuses de somptueux hôtels. J'ai un chauffeur partout où je vais et des gens prêts à exaucer mes moindres désirs. Je mange dans les meilleurs restaurants. On m'invite à jouer dans les plus belles salles de concerts, en compagnie des plus grands musiciens. C'est de la folie, cela n'arrête pas, et j'adore.

Je me réjouis de ma chance et des bénédictions que la vie m'apporte. J'aime offrir ma musique à des centaines de milliers de personnes et contribuer ainsi à faire aimer la musique classique. C'est un honneur pour moi que de faire partie de cette génération de musiciens chinois nés dans les années 1980, dont la mission est de jouer la musique classique dans toute sa beauté, avec leur cœur, avec leur âme et avec la raison d'un esprit bien formé.

Et pourtant…

Ma vie se réduit à des avions, à des hôtels et à des salles de concerts. Comme la musique classique a toujours été un produit des villes et que son public a toujours été principalement composé de gens instruits et aisés, ma vie se passe dans les centres urbains les plus riches et les plus civilisés du monde. Je me rends à Londres, Hambourg, Chicago, Vienne, Tel-Aviv et Saint-Pétersbourg, parce que c'est là qu'on me demande de venir, là que jouent les orchestres symphoniques et que vivent les amateurs de musique. Si j'ai quelques heures devant moi, il m'arrive de visiter la ville mais comme je dois sans cesse apprendre de nouveaux morceaux tout en révisant ceux que je connais déjà, mon temps libre est limité. C'est de l'arrière d'une voiture que je vois Dallas ou Stockholm, quelques images fugitives de panneaux lumineux et de passants, et j'en arrive à me demander comment est le reste du monde. Que se passe-t-il dans les villages, dans les campagnes ? Quand j'étais enfant, il m'était difficile d'imaginer un monde en dehors de la musique, car la musique était tout mon univers. Mais maintenant que je parcours le monde, comment ne pas me demander ce qu'il y a là-bas, au-delà des hôtels de luxe et des grands restaurants ? Jamais je n'oublierai d'où je viens – la pauvreté, la solitude – et je fais ce que je peux. Dès que je reste plus d'un jour ou deux dans la même ville, je fais en sorte de donner des master classes ou des concerts destinés aux enfants, dans l'espoir d'inspirer à une nouvelle génération l'amour de la musique classique. L'une de mes idées pour rendre la musique plus amusante pour les enfants a été de créer, avec Steinway, un « Stein-may Lang Lang » : des pianos droits et demie-queue munis de tableaux noirs sur lesquels les enfants pourraient écrire des poèmes ou dessiner ce que la musique leur inspire. Ces pianos sont devenus très populaires en Chine. Pourtant, j'ai envie de faire encore davantage.

En 2004, voyant mon amour pour les enfants, ma grande amie Nora Benary qui travaillait aux Nations unies me présenta au directeur exécutif du Fonds des Nations unies pour l'enfance. Il me proposa de devenir ambassadeur de bonne volonté de l'UNICEF. Quelques mois plus tard, j'avais le grand honneur d'être nommé ambassadeur, le plus jeune dans toute l'histoire de l'UNICEF.

Mon rôle me conduirait dans différentes parties du monde pour constater les effets dévastateurs sur les enfants du sida et d'autres maladies. J'informai immédiatement mon agence que, pendant deux semaines en août, je ne serais disponible pour aucun concert. Je me rendis chez le médecin pour mes vaccins et, le lendemain, je m'envolais vers la Tanzanie.

Le voyage commença mal. Je fus pris d'un accès de fièvre dû au vaccin contre la malaria et la première nuit fut éprouvante. Le lendemain matin, après un sommeil agité, j'ouvris les yeux et ne vis que de l'eau – de l'eau bleue scintillante à perte de vue. J'étais en train de contempler l'océan Indien. Une légère brume flottait dans l'air et à mes yeux fiévreux, le monde apparaissait comme tout droit sorti d'un rêve, intact et précieux.

Nous étions arrivés à Dar es-Salaam, dont le nom arabe signifie « ville de la paix ».

Un médecin local m'administra un remède naturel qui fit rapidement tomber ma fièvre. Moins de vingt-quatre heures après, nous partions en hélicoptère pour Zanzibar, un archipel au large des côtes d'Afrique de l'Est qui appartient à la Tanzanie, d'où un autre hélicoptère nous emmena au Kilimandjaro. Là, je montai dans une Jeep arborant sur son antenne un drapeau de l'UNICEF, pour faire trois heures de piste jusqu'à un village d'une extrême pauvreté. On nous présenta aux diverses tribus, et je fus particulièrement captivé par les Masaïs, ces gens grands et élégants aux visages superbement fins et expressifs. Pour beaucoup d'entre eux, j'étais le premier Chinois qu'ils voyaient et ils examinèrent attentivement la forme de mes yeux et la couleur de ma peau. En arrivant près de l'école des enfants, je vis des banderoles qui disaient : « Bienvenue, Lang Lang, ambassadeur de l'UNICEF. » À l'intérieur de l'école, les enfants m'entourèrent et quand ils surent que je jouais d'un instrument, ils sortirent les leurs – cordes et percussions – et commencèrent à jouer. J'adorais leurs rythmes. Les enfants jouèrent une pièce sur les dangers du sida et tout ce qu'on leur avait raconté au sujet de cette terrible maladie. Il était d'ailleurs visible que certains des jeunes acteurs souffraient déjà de ses effets. Quand je dus partir, ils coururent après la Jeep en me criant au revoir.

J'ai vécu là-bas tant d'expériences inoubliables. Un safari aérien m'a permis de voir des centaines de zèbres, de lions, de léopards et de flamants roses tandis que nous survolions les terres dans un hélicoptère volant à basse altitude. Dans les divers villages que nous avons visités, des médecins et des assistants sanitaires nous instruisaient sur les ravages du sida au sein de la population, surtout sur les enfants – ces mêmes enfants qui cuisinaient pour nous, dansaient pour nous et, grâce à un interprète, nous racontaient des histoires, heureuses ou tragiques. Je sentais à quel point ils avaient besoin qu'on les regarde, qu'on les écoute. Dans un autre village, il y eut encore une pièce jouée par les enfants : un garçon force une fille à avoir des rapports sexuels ; la fille se retrouve enceinte, se fait renvoyer de l'école, chasser de chez elle, et tous ses amis la fuient. Un drame déchirant qui servit de point de départ à un dialogue entre les enfants et moi. Il y fut question de l'immoralité du viol, de l'hypocrisie des institutions sociales et de l'intolérance de la famille et des amis. Les enfants se montrèrent curieux, intelligents et réfléchis. Heureux, surtout, de la présence d'un auditeur qui leur ouvrait son cœur.

Je fis la connaissance de beaucoup d'Européens venus enseigner en Tanzanie. De retour à Zanzibar, terre en grande majorité musulmane, j'eus droit à une sorte de symposium musical. Des professeurs originaires d'Égypte, d'Inde, d'Allemagne et des États-Unis me présentèrent l'histoire de l'archipel à travers ses chansons. Leurs élèves jouèrent, chantèrent et dansèrent dans un attachant mélange de styles du monde entier. Je dirais que c'était charmant, et pourtant, d'un point de vue émotionnel, c'était beaucoup plus que cela. Dans l'âme de ces écoliers africains, j'ai perçu un immense réservoir d'énergie et de talent.

Je passai la soirée dans une demeure qui avait les caractéristiques architecturales d'une mosquée. Les plafonds y étaient hauts et les mosaïques finement ouvragées. Je montai en haut d'un des minarets et sortis sur le minuscule balcon. Là, face au vaste océan Indien, je regardai le soleil se fondre dans la mer tandis que le ciel passait du rose à l'orange, puis à un bleu brumeux, et j'entendis les prières montant de la mosquée. Je me surpris à pleurer. Je ne comprenais pas comment la condition humaine pouvait être à la fois aussi merveilleuse et aussi épouvantable.

Le dernier jour, je revins à Dar es-Salaam pour une conférence de presse où je racontai tout ce que j'avais appris. Je fis de mon mieux pour être clair et succinct, et pour retenir mes larmes. À la fin, quelqu'un apporta un piano et on me demanda de jouer. Je commençai par quelques chansons chinoises toutes simples. Les gosses furent pris de folie, ils sautaient comme des puces et touchaient le piano comme s'il était magique. Ils étaient fous de joie, tout comme je l'avais été un soir à Shenyang en découvrant Tom et Jerry.

Pendant ce voyage, il m'est souvent arrivé de penser aux difficultés de ma propre enfance, mais ces jours et ces nuits passés en Afrique m'ont appris qu'il y a difficulté et difficulté, et que tout est relatif. Cela m'a aidé à mettre beaucoup de choses en perspective. Je pense souvent à ce que Kofi Annan, secrétaire général de l'ONU, m'a dit à New York, avant mon départ pour l'Afrique :

— Lang Lang, votre responsabilité en tant qu'artiste va bien plus loin que la musique. Vous devez mettre votre art au service des hommes et de la paix.

Je m'efforce de mettre ces paroles en pratique, tant dans mon métier que dans mes relations quotidiennes. J'essaie de m'impliquer dans les questions concernant la Chine, mon pays bien-aimé, qui connaît la croissance économique la plus spectaculaire de l'histoire, avec en corollaire les énormes problèmes écologiques et environnementaux que cela entraîne : pénurie d'eau, déchets, érosion des sols, désertification, pollution de l'air. Récemment, je suis devenu ambassadeur de l'environnement pour la Chine. J'apporte mon soutien à des organisations chinoises qui s'efforcent d'éveiller les consciences dans le pays et je me suis fait le porte-parole de ceux qui plaident pour l'introduction urgente d'énergies nouvelles. Le monde change et nous devons rester réactifs et engagés.

Le monde de la musique change lui aussi chaque jour et il va nous falloir imaginer comment faire vivre et fleurir la musique classique dans ce nouvel âge du multimédia et du numérique. J'ai hâte de voir l'évolution du classique et j'aimerais jouer un rôle dans son avenir. Je suis en train de mettre sur pied une fondation dont le but sera d'inspirer et de soutenir l'éducation à la musique classique – mais ma fondation va plus loin que la musique. Je voudrais travailler avec des artistes venus de différentes disciplines et d'horizons musicaux variés, voir comment nous pouvons œuvrer ensemble pour aider des enfants à réaliser leurs rêves, avec la musique comme point de départ. La musique est le vrai trait d'union ; le monde de la musique est véritablement un monde sans frontières. Mon voyage en Afrique m'a donné une leçon : avant, je pensais surtout à ma propre carrière ; maintenant, je vois mon rôle de musicien comme celui d'un ambassadeur culturel qui peut bâtir des ponts entre les différentes cultures et susciter une coopération dans la paix et le respect mutuel. Après tout, les musiciens sont faits pour jouer ensemble.

J'ai toujours rêvé en grand. Et même si cela peut paraître idéaliste ou naïf de croire qu'on peut changer le monde en changeant la vie des enfants grâce à la musique, je pense à l'adage de Lao Tseu qui dit qu'un voyage de mille lieues commence toujours par un premier pas. À ce jour, j'ai parcouru bien plus de mille lieues dans mes périples de ville en ville, à répandre la musique. Et pourtant, mon voyage ne fait que commencer.

Remerciements

Merci à David Ritz, Jean-Jacques Cesbron, Steve Rubin, Cindy Spiegel et toute l'équipe de Spiegel & Grau. J'aimerais aussi remercier ma famille, mes amis, mes mentors, mes professeurs, mes pairs et tous ceux qui m'ont soutenu.

Discographie de Lang Lang
Disponible chez Deutsche Grammophon

TCHAÏKOVSKY : *Concerto pour piano n° 1*
MENDELSSOHN : *Concerto pour piano n° 1*
Orchestre symphonique de Chicago / Daniel Barenboïm

LIVE AT CARNEGIE HALL
(Schumann, Haydn, Schubert, Tan Dun, Chopin, Liszt)
Disponible en CD, DVD et Édition Deluxe

RACHMANINOV : *Concerto pour piano n° 2*
Rhapsodie sur un thème de Paganini
Orchestre du Théâtre Mariinsky / Valery Gergiev
Disponible en SACD

MEMORY
MOZART : *Sonate pour piano en ut majeur, K.330*
CHOPIN : *Sonate pour piano n° 3 en si mineur, op. 58*
SCHUMANN : *Kinderszenen, op. 15*
CD Bonus : LISZT : *Rhapsodie hongroise n° 2*

DRAGON SONGS
Yellow River Concerto (Lang Lang / Orchestre Philharmonique de Chine / Long Yu)
Soliste piano : Lang Lang
Musique de chambre (Lang Lang, Fan Wei, Ji Wei, Zhang Jiali)
Disponible en CD et DVD (documentaire)

LE VOILE DES ILLUSIONS
Bande originale du film composée par Alexandre Desplat

BEETHOVEN : *Concertos pour piano n° 1 et 4*
Orchestre de Paris / Christoph Eschenbach
CD + DVD bonus

CHOPIN : *Concertos pour piano n° 1 et 2*
Orchestre Philharmonique de Vienne / Zubin Mehta
À paraître début 2009

Table des matières

Cet ouvrage a été imprimé en France par

CPI
Bussière

à Saint-Amand-Montrond (Cher)
en janvier 2009

POCKET - 12, avenue d'Italie - 75627 Paris Cedex 13

— N° d'imp. : 82065. —
Dépôt légal : février 2009.